咸丰宝河局钱币研究

李小俊 著

郑州大学出版社

图书在版编目(CIP)数据

咸丰宝河局钱币研究 / 李小俊著. — 郑州：郑州大学出版社，2021.12
ISBN 978-7-5645-8266-1

Ⅰ.①咸⋯ Ⅱ.①李⋯ Ⅲ.①古钱（考古）-研究-河南-清后期 Ⅳ.①K875.64

中国版本图书馆 CIP 数据核字(2021)第 213131 号

咸丰宝河局钱币研究
XIANFENG BAOHE JU QIANBI YANJIU

策划编辑	李勇军	封面设计	孙文恒
责任编辑	孙精精	版式设计	孙文恒
责任校对	暴晓楠	责任监制	凌 青 李瑞卿

出版发行	郑州大学出版社有限公司	地　　址	郑州市大学路40号 （450052）
出 版 人	孙保营	网　　址	http://www.zzup.cn
经　　销	全国新华书店	发行电话	0371-66966070
印　　刷	河南瑞之光印刷股份有限公司		
开　　本	787 mm×1 092 mm　1/16		
印　　张	19.5	字　　数	190 千字
版　　次	2021年12月第1版	印　　次	2021年12月第1次印刷
书　　号	ISBN 978-7-5645-8266-1	定　　价	168.00元

本书如有印装质量问题，请与本社联系调换。

宝河局开炉吉语钱：财阜民康　时和岁有

宝河局开炉吉语钱：财阜民康　时和岁有

宝河局开炉吉语钱：百福骈臻　千祥云集

宝河局开炉吉语钱：万年有道　百禄是道

宝河局开炉吉语钱：万年有道　百禄是道

宝河局开炉吉语钱：丰财和众　保富安民

宝河局开炉吉语钱：天子万年　永清四海

宝河局开炉吉语钱：一人有庆　四海升平

宝河局部颁式小平雕母

宝河局小平铁母

宝河局小平尔宝流通钱

宝河局当十母钱

宝河局当十样钱

宝河局当十流通钱

宝河局部颁当五十样钱雕母

宝河局当五十进呈样钱

宝河局当五十尔宝试铸样钱

宝河局当五十流通钱

宝河局当百进呈样钱

宝河局当百尔宝试铸样钱

宝河局当百母钱

宝河局当五百进呈样钱

宝河局当五百进呈样钱

宝河局当五百尔宝试铸样钱

宝河局当五百尔宝试铸样钱

宝河局当千进呈样钱

宝河局当千进呈样钱

宝河局当千尔宝试铸样钱

宝河局当千尔宝试铸样钱

序

李小俊，2005年毕业于安徽财经大学财政学专业。郭彦岗先生[①]曾任教于该校，先生之钱币学、货币史的思想和学术成果自然会在该校留下影响，遗存给后学。李小俊自幼喜欢钱币，自然也会领悟到郭先生的有关思想和治学方法。我想这一点和他今天的《咸丰宝河局钱币研究》一书的诞生，或许有一定关系。

李小俊是河南信阳人，所以是带着乡情来研究咸丰宝河局钱币的。他不仅十分注重收集宝河局钱币的实物资料，同时也十分注重收集相关的文献资料，尤其是第一手资料，进而依照钱币不同的用途、不同的制作特征、不同的钱文书法和铸造工艺，开展不同版别的对比研究，从中发掘出它们之间的区别和关联，做出相应的鉴定和评级。这是钱币学开展微观分析的治学方法。

李小俊是学财政专业的，财政史、货币史、经济史是他的专业课，当然会了解和掌握咸丰时期的财政货币制度、河南地方财政的特殊性、相关管理机构的设置和主管人员的情况，以及与铸钱有关的铜料来源和铜政情况，等等。然后把宝河局钱币置身于咸丰时期的国内、国际的大环境中，去考察、分析，从中揭示其深层的原因和必然的后果。这是历史学开展宏观考察的治学途径。

所以，此书是钱币学和历史学相结合的研究成果，不仅包括财政史、

[①] 郭彦岗（1916—2005）先生系我国著名货币史学家，生前曾任安徽财贸学院（2005年更名为安徽财经大学）教师，上海社会科学院特约研究员，上海财经大学和复旦大学客座教授，中国钱币学会常务理事和学术委员。——本书作者注

货币史、经济史，还涉及军事、政治、文化、科技等相关学科。

作者在微观分析上，能够静下心深入进去；在宏观考察上，能够跳出钱币的圈子，登高望远，把握全局。把微观分析和宏观考察结合起来，这是本书的创新之处。

有意思的是，本书在钱币版式介绍中，首先开道的是"开炉花钱"，开炉花钱不是正式行用钱，但钱监（铸钱局）在行用钱开铸前要先铸"开炉钱"，铸"吉语钱"，以保佑铸造顺利，这是中华民族的一种民俗风情和传统文化，从一个侧面揭示了民俗钱和正式行用钱之间千丝万缕的关系。

此书是研究清咸丰年间河南铸钱的专著，研究的对象明确，范围集中，涉及的时间不长，这样的专题化研究方法，是当今钱币研究的一股清风。

此风正盛，愿此风长存。

辛丑麦月　戴志强字于续斋

（戴志强，中国钱币博物馆首任馆长，兼任国家文物鉴定委员会委员，曾任中国钱币学会常务理事兼秘书长、《中国钱币》杂志主编，先后受聘为北京科技大学兼职教授、博士生导师，中国科技大学兼职教授、博士生导师，中央民族大学客座教授。）

自序

河南是我的家乡，是我长期生活和工作的地方。

她有着数千年的文明史，是中华文明发祥的源头之一。这片土地孕育了数不清的帝王将相、文人墨客，也留下了诸多文化遗产。

也许正是这样的文化熏陶，使我在小学时就对中国历代钱币产生了浓厚的兴趣。并且在以后的工作生活当中，也一直没有放弃对古代钱币的爱好与研究。

相信每一个喜爱收藏的朋友都有家乡情结，我也是如此，在历代众多的钱币中，我最喜欢的还是清代咸丰河南省的宝河局大钱。咸丰时期虽然已经接近封建王朝的尾声，但是其间所铸造的钱币五花八门，大小轻重兼备，品种超过中国历史上任何一个时期，令很多人着迷。咸丰宝河局大钱厚重压手，早期精铸的周书大钱文字优美，比例适当，铸造考究，美不胜收。后期铸造的异书大钱版式纷繁，书法拙朴，某些版式自成系列，成套收集趣味性很强。

在专题收集咸丰宝河局钱币的时候，我逐渐发现了宝河局钱币的一些特殊的现象。为了了解这些现象，我不断翻阅资料，查找实物进行类比，得出了一些初步的研究成果，例如：《咸丰宝河局钱文确系周尔墉所书》、《宝河局当百进呈样和进呈制度初探（修正版）》、《咸丰宝河局"尔"宝试铸样钱系列研究》、《咸丰宝河局开炉纪念吉语花钱初探》（与胡坚先生合作）等。这些文章发表以后，得到了广大钱币爱好者尤其是河南泉友的广泛好评，大家认为这些文章较好地解答了宝河局的一些基础问题。我本人感到既高兴又惭愧，高兴的是吾道不孤，有这么多的志同道合者；惭愧的是，有些文章的深度和高度还不够。

2017年，由中国人民银行牵头主持的国家"八五"重点社科项目《中国钱币大辞典》古钱部分的最后一卷清钱卷编撰工作开始，并且要求在较短的时间内保质保量完成。受此卷主编、河南钱币学会吴革胜老师的信任与嘱托，其中的重要部分——咸丰钱币部分的撰写任务被交到本人手中。咸丰钱币部分的撰写得到了全国相关领域学者、老师、朋友们的大力支持，其中的宝河局实物拓片部分更是得到了河南本省周建设、张玉山等老师们的大力帮助。通过这些拓片的收集整理，宝河局大钱实物分类框架开始有了一个雏形。但由于《中国钱币大辞典》有着相对严格的体例要求和篇幅限制，关于河南省局的专门研究在其中无法全部展开，这就需要有专著来讲述这些问题。

同时，在收集和整理宝河局钱币资料的过程中，我越来越觉得，要想把这段历史搞清楚，就必须把相关的财政史、经济史，乃至官员人事变化、清代铜政情况等相关问题研究透彻。咸同之际，中国的国内、国际环境为之大变，各种问题与矛盾层出不穷，清王朝的统治摇摇欲坠，原先的祖宗成法在此时不得不做出调整，中央和地方的权力划分也出现了新的情况，在研究当时钱币的发行与变化时必须注意到这些宏观背景现象，否则就会就事论事，只见树木、不见森林。而有关这些情况的原始资料大多保存在中国第一历史档案馆当中。为此，我又专程来到位于北京故宫的中国第一历史档案馆，多次翻阅查询相关的信息。功夫不负有心人，我找到了第一历史档案馆保存的关于咸丰时期河南开铸钱币的原始资料，包括户部、河南巡抚的奏折以及皇帝本人的朱批等，这些资料构成了本书坚实的证据来源和理论基础。

而道光、咸丰、同治时期官员的撰稿、日记、信件也是本书众多证据来源。由于种种原因，河南巡抚报告给朝廷的内容和实际现象是有出入的。想要圆满解释这些现象，就不能单单迷信奏折内容，而需要引用可靠旁证来证明或者否定。和奏折的简要叙事风格不同，时人的撰稿、日记、信件往往记录详细,是作者的亲身见闻,具有相当高的参考价值。这些资料和奏折相互印证,能更加全面真实地说明问题。

同时,为了更加有力地佐证文章的结论,本书采用了无损金属成分分析手段,实际测量相关数据,在理论研究的基础上增加了更具有说服力的证据。

通过以上这些研究手段,我将之前发表的研究成果重新做了整理和补充,使之更加翔实可靠。并运用新资料开拓了不少新的研究,尽可能将咸丰时期河南铸币情况还原清楚。

本书不仅是本人的成果,这里面同样包含了全国各地尤其是河南省相关领域老师、朋友们的研究与支持。毫不夸张地说,正是有了他们的支持和帮助,本书成为目前研究咸丰宝河局钱币实物资料较为丰富的一本书,其中仅咸丰宝河局当百大钱各种版式即达到二百多种。

在本书的最后,我对这些提供过帮助的老师、朋友们表示衷心感谢。

另外,尤其需要感谢的是中国钱币学会货币史专业委员会秘书长、河北师范大学副教授朱安祥博士,他在本书的体例、行文等方面给予了我许多无私的指点。

关键的金属成分测量数据是本书的一个亮点,这些工作得到了英华达(上海)科技有限公司何代水先生、周沁园先生的大力支持。

处处留心皆学问。钱币虽小,但是从一个切面折射了时代的变迁,希望本书的出版能填补这段研究空白,为后来有更多更好的相关著作出版提供借鉴和参考。同时,由于本人的精力、能力有限,在文字和实物收集整理方面一定有不足之处,还望各界老师、朋友不吝赐教。

李小俊

2021 年阳春于郑州

目　录

上篇　咸丰宝河局钱币理论研究

绪　论 ………………………………………………………… 3

第一章　咸丰宝河局钱币开铸的历史背景
第一节　清代前期河南省开铸铜钱基本情况 ……………… 11
第二节　清代咸丰时期宝河局开铸铜钱的历史背景 ……… 16

第二章　咸丰宝河局的开设和铸制情况
第一节　咸丰宝河局的开设时间和人员设置 ……………… 27
第二节　咸丰时期户部关于大钱重量、材质的规定 ……… 30
第三节　宝河局铸币铜料来源 ……………………………… 35
第四节　用实物分析宝河局钱币重量与材质的结果 ……… 37

第三章　咸丰宝河局铸币的几个相关问题
第一节　咸丰宝河局钱币文字书写者考证 ………………… 41
第二节　咸丰宝河局的六种开炉纪念性质花钱 …………… 46
第三节　咸丰宝河局的部颁样钱研究 ……………………… 50
第四节　咸丰宝河局的进呈样钱研究 ……………………… 59
第五节　咸丰宝河局的尔宝试铸大钱系列 ………………… 67
第六节　咸丰宝河局祖钱、母钱的形态 …………………… 72
第七节　咸丰宝河局大钱铸造量与利润研究 ……………… 78

第四章　咸丰宝河局铸币之影响

第一节　咸丰宝河局大钱的停铸……………………………… 83

第二节　咸丰宝河局铁钱铸造情况……………………………… 89

第三节　咸丰宝河局大钱、铁钱开铸带来的影响……………… 93

第四节　对《清钱编年谱》中部分结论的再探讨……………… 98

下篇　咸丰宝河局钱币实物和拓片

咸丰宝河局钱币版式介绍……………………………………… 103

咸丰宝河局开炉花钱…………………………………………… 109

咸丰宝河局小平钱……………………………………………… 116

咸丰宝河局当十大钱…………………………………………… 124

咸丰宝河局当五十大钱………………………………………… 131

咸丰宝河局当百周书大钱……………………………………… 141

咸丰宝河局当百类周书大钱…………………………………… 157

咸丰宝河局当百异书大钱……………………………………… 205

咸丰宝河局其他材质当百大钱………………………………… 269

咸丰宝河局私铸当百大钱……………………………………… 272

咸丰宝河局当五百大钱………………………………………… 274

咸丰宝河局当千大钱…………………………………………… 280

上篇

咸丰宝河局钱币理论研究

绪　论

一、研究咸丰时期宝河局铸币情况的意义

铜钱是清王朝主要的流通货币，清朝铸行的铜钱基本上以小平为主，即我们通常所说的一文钱或者制钱。大规模铸行大钱，集中出现在咸丰年间。在此之前，清政府也发行过大钱，例如：清朝入关以前铸造的天聪大钱，但是发行量很少，不具备典型意义；发现有背十一两的顺治大钱，但一般认为是后铸的非流通钱币；康熙宝源局、乾隆宝泉局、道光宝陕局等发现有直径较大的大钱，但都不是普通流通性质钱币。

咸丰朝自三年（1853）开始铸行大钱，延续时间虽然并不太长，但无论品种和版式都创下了历代之最，咸丰以后的同治、光绪、宣统再未出现此种现象，这是行用两千多年的方孔铜钱在即将退出历史舞台时的一次回光返照。

清朝入关以后，为了巩固统治、争取民心，对明朝灭亡的教训还是做了不少反思，采取了不少改进措施，其中一条就是与民休息。明亡的一个重要原因就是赋税极重，因此，清朝前期收取的赋税在历朝历代中是较低的。尤其是康熙五十一年（1712），康熙皇帝宣布了将丁银税额固定、不再增收的主张，命令各省督抚将现行钱粮册内有名丁数永远作为定额，不再增减，对以后新生人丁不征钱粮，有效减轻了农民的负担。

作为与人民日常经济生活息息相关的货币品种，清政府前期对铜钱的铸行非常重视，管理也非常严格，有详细的发行制度和专门的管理机构。对于铜钱的原料配比、重量、工艺水准也有详细规定。更换年号后新铸铜

钱的样钱，也要呈进给皇帝本人御览。因此，清代前期的铜钱铸造相对规范，和银两之间的兑换比例也长期保持稳定。

与此同时，17—19世纪的欧洲，却发生了翻天覆地的变化，尤其是18世纪60年代发生的欧洲工业革命实现了从手工劳动向机器生产转变的重大飞跃。欧洲的生产力大大提高，作为文明古国的中国则像一个打满了补丁的破船，即将面对世界新浪潮的冲击和震撼。

随着西方机器工业的发展和工业产品的大量制造，以小农经济为基础的中国成为西方重要的潜在市场。为了打开中国市场，发达资本主义国家如英国不惜采取鸦片贸易等各种手段，中国的出口贸易也在道光七年（1827）由入超变为出超，作为大额支付货币的白银开始大量外流。此时，虽然有大臣建议参考旧例铸行虚值大钱以增加收入，但被生性保守的道光帝拒绝，而祖宗之法对此已经没有更好的解决方案。

清王朝的腐败与无能加剧了国内积累已久的各种矛盾，终于在咸丰元年（1851）爆发了中国历史上规模最大的一次农民起义运动——太平天国运动，这次起义差一点就结束了清朝的统治。

内外交困就是咸丰皇帝登基伊始面对的局面。这些情况，他的祖辈没有遇到过，典籍里面也没有应对措施。面对咸丰初年的军事、财政困局，他最终还是被迫采取了种种饮鸩止渴的措施，其中就包括发行虚值货币咸丰大钱。

虽然朝中有像王茂荫侍郎这样的有识之士在主持财政工作，但靠个人的力量根本无法阻挡大钱的滥发，有开铸能力的地区基本上都进行了大钱的铸造，其中就包括河南省的铸钱机构宝河局。事实上，这些大钱并没有起到清廷宣称的裕国便民之用，裕国是实，便民是假。

地方政府在镇压太平天国等农民起义的过程中，获得了之前不曾有过的财权、事权乃至军权，地方督抚成为名副其实的实力派，中央政府和地方的权力分配出现了新的变化,这为以后湘军、淮军等势力的发展壮大埋下了伏笔。

研究以宝河局大钱为例的咸丰大钱的铸行和迅速失败,能够看到封建制度已经逐渐崩溃,古老中国这艘大船的方向已经失灵,想要重新起航,必须安装新的动力系统。为此,中国人民开始了长达一百年的艰难寻求与探索。

二、相关研究的回顾

关于咸丰时期的宝河局钱币,前人和现在的学者、收藏家、爱好者做过一些研究,但是都囊括在历代钱币体系论述或是清代钱币总论之中,系统研究咸丰宝河局钱币情况的专著目前还没有。

清人鲍康所编《大钱图录》记载了清代自咸丰以来所铸大钱,其中有宝河大钱五品之木雕印刷版图片,包含了宝河局大钱所有计值,并配有简单的说明文字,非常重要的是他还特别提到,根据时人杨继振的说法,宝河局钱币文字书法为周尔墉所书写。

民国时期黄鹏霄所编《故宫清钱谱》是记载故宫所藏清代钱币的菁华汇集,当中有宝河大钱拓片五品,都标注"样"字,为故宫所藏之进呈样钱,可以视作进呈样钱的标准器。同时在图片的旁边,写有部分引用自《大清会典》的文字,说明了当十至当百的重量。但是书中认为:"今实品中尚有当五百、当千两种足补正史之不备。"① 实际上,宝河当五百、当千不仅正史及档案中有明确记载,而且在上面提到的清代钱币专著《大钱图录》中也有准确描述。出现这样的论述错误也许和黄鹏霄不是专业的货币史研

---

① 黄鹏霄编《故宫清钱谱》,北京大学出版社,1989,第58页。

究者有关,他可能并没有注意到相关的史料。

1994年出版的马定祥先生主编的《咸丰泉汇》是目前研究清代咸丰钱币的里程碑式作品,其中收录了数以千计的咸丰大钱,并有相关钱币的性质、材质、版式和等级说明。在其中的宝河局文字说明部分,他从《大清会典》等一手资料出发,明确提到了部分钱币的开铸、停铸日期,所铸大钱品种及官方标准重量,对小平至当千钱币中稀少品种进行了专门说明。从中可以看出,马先生的拓片资料和过手实物的经验都异常丰富,这些基于实物基础给出的结论今天看来也相当准确。

《咸丰泉汇》共收录宝河局钱币110枚,均为实物拓片,其中小平钱35枚,当十钱12枚,当五十钱12枚,当百钱36枚,当五百钱9枚,当千钱6枚。这是在此之前收集咸丰宝河局资料最丰富的一本钱币专著。

但由于《咸丰泉汇》是一本钱币图谱方面的专著,加之马定祥先生在成书前已经过世,在相关问题上没有来得及进一步深入探讨,对相关现象产生的原因也没有加以详细说明,这是一个遗憾。《咸丰泉汇》收录的宝河局当百大钱中,版式有36种,不很全面,不能涵盖宝河钱币大钱丰富多彩的全貌,同时在命名上稍显凌乱,钱币定级上也有些粗略。

虽然存在瑕疵,但《咸丰泉汇》作为20世纪90年代初的咸丰钱币专著,收集资料在当时可谓最全,并开创性地进行了版式命名和等级标注,在全书总体拓片资料丰富程度上是一座难以逾越的高峰。

2002年中华书局出版的齐宗佑先生编著的《咸丰钱的版式系列》,是齐先生在前人研究基础上结合自己的实物收藏所出版的咸丰钱币著作。虽然从钱币拓片数量上看没有《咸丰泉汇》丰富,但都是出自齐先生自己的收藏,每一枚都配有详细的数据说明,并按照版式系列进行了归纳总结。齐先生鉴赏眼力很高,著作中钱币的数据非常丰富,有极高参考价值,版式系列归纳也很科学。

其中的咸丰宝河部分共有实物拓片31张，包含了咸丰宝河局大钱的基本品种，但是拓片资料过少，宝河当百异书和类周书品种仅有拓片5张，不足以反映和研究宝河局大钱的详细版式。同时，文字说明部分也没有对相关问题进行深入研究和阐述。

2005年，由《江苏钱币》杂志发表的，许昌钱币学会的王军、喻战勇、张玉山先生合著的《千姿百态的宝河局"咸丰元宝"当百钱》一文对咸丰宝河局当百大钱的版式情况作了概括性介绍，并首先提出了当百钱版式的分类方法，即周书、类周书、异书三个大的系列。这是河南省本地研究者在大量实物基础上做出的开创性研究成果，对本书的版式区别划分也起到了重要指导作用。

2016年，德国钱币学家布威纳先生在时隔40年后，完成了《清钱编年谱》后半部分的写作，出版了全本的《清钱编年谱》。

《清钱编年谱》是一部关于清代钱币的巨著，写作方式和结论非常严谨。布威纳先生从中国第一历史档案馆所藏相关档案出发，结合自己收集的海量钱币实物，考证了清代各个年号铸币的详情，甚至特定年份、特定铸币厂铸造量的数据都有研究。所用档案资料之翔实，视野之开阔是以前学者所没有的，此书是研究清代货币发行与演变情况不可或缺的经典著作之一。

但布威纳先生关于部分钱币的铸造年代、铸地的结论，还有真伪问题的研究值得商榷，本书的第四章第四节对于这些问题有详细的讨论。

同时，布威纳先生在讨论钱币形态变化的时候，对所引用材料的来源说明和分析不足，所以在文字内容上有所欠缺，当然这也可能是因书籍篇幅和编著者精力有限导致的。

总之，布威纳先生坚持从第一手材料出发的研究方式，通过丰富的表单分析研究钱币演变过程的方法非常科学，较好地揭示了清代铜钱铸行的整体面貌，尤其对于一位外国人而言，掌握及运用这些海量的档案资料尤为不易，这种一生持续不断研究的精神，值得后人敬佩与学习。

三、研究的难点和创新点

研究咸丰宝河局钱币，最可靠的资料就是铸币厂的内部档案，但是由于清末以来的战乱和人为因素，咸丰时期宝河局铸币的第一手档案资料目前没有被发现，甚至由河南大学主持编撰出版的《清代河南巡抚衙门档案》中也没有关于宝河局铸行情况的记载。

同时由于咸丰宝河局开铸时间和清末河南军务大兴时间高度重合，镇压农民起义是当时清政府的第一要务，战争导致相对稳定的行政运行系统被打破，地方官员的职责重心经常随形势而变。例如河南巡抚就长期不在省城，而经常驻扎外地防堵，布政使也被抽调办理粮台事务，所以当时遗留的大量的资料是关于军情军务的，其他信息都湮没在随时变化的军事情报当中。战争又造成经济凋敝，市面萧条，因此同时期的财政、经济资料少之又少。

太平天国起义以来，地方督抚的独立性也开始增强，包括开铸钱币等新增的财政收入项目详情不但今人不知，当时的户部有时亦难知道。即使地方进行了报告，涉及利益分配方面的内容是否真实准确，恐怕也要打上一个问号。

这都给研究宝河局钱币的真实情况带来了麻烦。

为了解决这些问题，本书从研究咸丰时期国内外大环境入于，运用多种资料来源，在财政史、货币史、经济史等相关领域经典著作的基础上，综合研究当时的财政货币制度变化，官员、机构设置，铜政情况等，探寻现象背后的深层次原因，和实际结合起来，抽丝剥茧，做出可靠的解释。

同时，本书将存世的宝河局钱币版式与品种尽可能进行了收集，并按照性质、文字、铸造等规律进行了分类，以便于研究者、爱好者查找和引用。

在全国各地尤其是河南省钱币收藏家、爱好者的支持下，本书对宝河局钱币的稀少程度进行了相对精确的标注，依据实物情况对前人给出的结论进行了修正。

但是由于精力、时间有限，本书在资料与实物的掌握程度上不可能完美无缺，一定会遗漏一些内容，期待在以后的时间里能够继续丰富完善，将咸丰时期河南省宝河局钱币的全貌尽可能完整地呈现在大家面前。

四、研究方法

为了将咸丰时期宝河局钱币铸行的问题尽可能弄清楚，必须通过多种途径来进行研究，并且结合实物来互相印证。本书所采取的方法途径有以下几种。

（一）查阅中国第一历史档案馆原始资料

中国第一历史档案馆保存有非常多的明清档案，其中清代官员奏折的资源非常丰富，河南巡抚等人的奏折直接报告了当时河南的军政经济大事，皇帝、户部在奏折上的朱批则反映了朝廷对于河南报告情况的态度立场，是研究这一段历史的必备资料。

（二）筛选《清实录》等史料中关于财政货币方面的原始资料

《清实录》《钦定大清会典则例》《钦定户部则例》《钦定吏部处分则例》是清代官方修订的重要典籍。其中《清实录》是清朝历代皇帝（除宣统以外）统治时期的大事记，用编年体的形式详尽地记载了有清一代近三百年的用人行政和朝章国故。内容来源于上谕、朱批奏折、起居注及其他原始档案，由纂修官厘清年月，按纂修凡例加以选编，是清史第一手原始史料，是研究清代政治、经济、军事、外交、文化的重要文献。但《清实录》等典籍篇幅浩瀚，笔者必须将财政货币信息提取出来，和中国第一历史档案馆的原始资料相互印证补充，才能形成清晰的证据链条，进而有效说明一些问题。

（三）丰富运用时人信札、日记、笔记等资料

咸丰时期，朝廷及河南等地方开铸钱币的主要参与者和亲历者留存有不少信札、日记和笔记，真实的细节情况往往就隐藏在字里行间。通过仔细筛选，可以获得比较可靠的信息作为旁证，能够补充说明很多细节问题。

（四）大量运用实物进行说明

咸丰宝河局铸造的钱币至今遗留有不少实物，通过这些实物资料的收集与分析，可以对所掌握的档案资料相互印证，甚至否定某些看似确凿无疑的原始资料。

（五）运用科学仪器进行定量分析

在研究宝河局钱币材质配比和来源等问题时，笔者运用了无损金属元素测量仪器，通过测量数据进行定量分析统计，证实原始资料的可靠程度，进而解释现象。

（六）跳出钱币本身，从晚清货币、财政及政治变迁的角度看待问题

钱币的铸行与演变只是现象，背后推动的原因必然是政治与经济变化。只有把当时的政治经济变迁大背景研究清楚，才能明白变化原因之所在。本书从财政、经济、货币等多领域材料出发，尽可能厘清事物变化背后的真正原因。

第一章
咸丰宝河局钱币开铸的历史背景

第一节　清代前期河南省开铸铜钱基本情况

清朝入关以后，为了表明政权的正统性和获得铸币利润，开始铸造带有顺治年号的钱币以取代前朝旧钱流通，这一时期全国开铸的钱局先后有十七个，其中就有河南省。

顺治四年（1647），清政府在开封设立河南省局，开始铸造当一文的铜钱。据《清世宗实录》载："顺治四年五月，乙巳，开河南鼓铸。"①由此可知，清政府是在顺治四年（1647）五月五日（乙巳）批准河南省设局鼓铸。

开铸的一些具体情况在顺治十三年（1656）闰五月十三日，《河南巡抚亢得时题请足铜本运价事本》中有提到："惟谨今急有请者，他省鼓铸俱在省城，右布政就近督理。杞县因不产煤炭，俱取之怀庆地方，运买为艰，随该前任张右布政议改设于怀庆安炉觅匠，即委知府管摄，每拾日报司察核销算。……该臣看得怀庆府设炉壹拾捌座，按炉计息岁获银捌千余两，坐拨兵饷。"②

顺治四年（1647），清政府和南明政权仍然处在交战当中，兵饷耗费巨大，这时候铸出铜钱的流通途径之一就是兵饷发放，政府根据实际情况将白银和铜钱按照一定比例作为兵饷发放给士兵，从而进入社会流通渠道。

---

①《清世宗实录》卷三十二。顺治四年五月乙巳。
② 中国第一历史档案馆编《清代档案史料丛编》（第七辑），《河南巡抚亢得时题请足铜本运价事本》，中华书局，1981，第204—205页。

而河南省局具体的开铸时间，则在顺治十三年（1656）四月二十九日的《河南巡抚亢得时题查河南怀庆铸局赔累里甲事本》中有提到："察得顺治肆年开局之始，原管局开封府同知孟家栋，原领布政司本银捌百两，以至年终解钱捌百千抵还本银讫。……顺治陆年内，因煤炭运解不便，遂移局怀庆，孟同知随局管理。……其所用铜斤原自顺治肆年柒月拾陆日开炉之初，俱蒙右布政使行文各府州县买铜，催交钱局供铸。"①

由此可见，河南省局是在得到朝廷批准以后，于顺治四年（1647）七月十六日开炉铸造钱币，铸造地最初在开封府杞县，后因煤炭运输不便问题于顺治六年（1649）移局怀庆府，所用铜原料系各地收买而来。

明末清初，战乱还未完全平息，社会混乱，典型的例子像四川省，人口较战争之前下降了70%~80%，社会经济凋敝，民间留存废旧铜器较多。这一时期，很多钱局铸钱原料就来自收买民间铜器、废铜、旧钱，价格低廉，因此铸钱利润丰厚。清政府发现靠铸造铜钱能够获得不少利润，因此不断扩大铸钱规模。

河南省铸钱局移局怀庆府以后，设炉18座，按河南巡抚亢得时报告计息每年获银8000两。在开铸铜钱的各局当中，河南省局的开铸炉数和获息银数都不算多。在河南省局开炉当年，江宁钱局一年所获息银就达333000余两。②

但是废旧铜器收买毕竟不是稳定的铸币原料来源，随着废旧铜器来源的日益匮乏和废铜价格上涨，各省开铸炉数被迫缩减，所获铸息也相应减少。顺治十三年（1656），怀庆知府周继芳就有"缺铜停炉之请"。③清政府于顺

---

① 中国第一历史档案馆编《清代档案史料丛编》（第七辑），《河南巡抚亢得时题查河南怀庆铸局赔累里甲事本》，中华书局，1981，第203页。
② 转引自王德泰：《清代前期钱币制度形态研究》，中国社会科学出版社，2013，第150页。
③ 中国第一历史档案馆编《清代档案史料丛编》（第七辑），《河南巡抚亢得时题请足铜本运价事本》，中华书局，1981，第204页。

治十四年（1657）令各省鼓铸一概停止，独令京局鼓铸。河南省局也遵令停铸。

顺治十七年（1660）河南省局复开，这时改铸为背面带有满汉文"河"字样的顺治钱。

顺治末年和康熙初年，随着大规模战争的结束，社会经济逐渐恢复，手工制造业对于铜、铅、锡等金属原料的消耗逐渐增加，使得已经非常紧张的铸钱原料供给形势更加严峻。为了解决这个问题，从康熙时期开始，清政府开始大量进口洋铜（日本铜）来弥补国内需求的不足。尤其是康熙二十三年（1684）开放海禁以后，京局铸钱大部分铜料基本取自日本。

康熙二十三年（1684），"宝泉宝源二局每年各处动税课银二十五万三千两，办解铜三百八十九万二千三百七斤有奇，内除耗铜三十五万三百七斤有奇，净铜三百五十四万二千斤"①，仅北京泉、源两局每年采办铜铅即接近400万斤，其中大部分采办之铜就是洋铜，即日本铜。

此时地方局铸钱除采买滇铜外，所需铜斤主要还是废铜旧钱及铜器皿，掺用洋铜极少，原因就是洋铜价昂，铸钱成本较高。河南省局这一时期铸钱所用铜原料应该是收买而来的废铜。

虽然康熙时期平定三藩以后，滇铜产量已较稳定，但是由于铜斤质量、交通运输等问题，铜斤、铜钱大量积压于云南本省，在全国的铜料供给中并未产生主导作用。

而康熙五十年（1711）以后，日本铜产量日益衰减，开始限制铜料出口。康熙五十四年（1715），德川幕府制定了限制铜斤出口的"正德新例"，加强了对长崎贸易的限制，铜斤的进口日益困难。到康熙末年，负责采办铜料的江浙两省两三年便能欠下三四百万斤的缺口，国内用铜日益不足。

雍正二年（1724），河南巡抚石文焯就奏称："东洋发铜日少，采办日难……每年出口洋船只三十六支，每船只得铜七万余斤，总计洋铜不足

---

①《清朝文献通考》卷十四《钱币二》，第4974页。

三百万斤。"①和康熙时期相比，进口洋铜数量下降明显，以至于雍正初年出现了钱荒现象，朝廷开始颁发各项规定以节省铜斤用于铸钱：雍正三年（1725），严禁使用黄铜铸造器皿；雍正五年（1727），减少制钱含铜成分，大部分钱局铸钱配比由铜六铅四改为铜铅各半。

《大清会典》载："（雍正四年）京城内三品以上官准用黄铜器皿，民间乐器、圆镜等子仍照原议外，其文武各官、军民人等一应大小器皿均不得仍用黄铜，所有旧存黄铜器皿除箱匮上铜饰件外，其余不论轻重多寡悉交官领价。旗人交本旗佐领，汉官民人交五城御史，各该管处无论多寡，随交随收。"②

地方上也是如此，大员们纷纷上折奏报收买黄铜情形，例如：巡视长芦等处盐课监察御史郑禅宝奏报办理收买黄铜器皿情形折、管理淮安宿迁关务年希尧奏请设厂收买黄铜器皿折、福建巡抚常赉奏报收买民间铜器情形折。

雍正七年（1729），河南宝河局开铸钱币，短短两年之后就停铸，原因就是收买铜器不足。据《钦定大清会典则例》记录："（雍正）七年复准山东山西河南江西浙江湖北湖南等省将收买铜器开局鼓铸……河南背铸宝河……（九年）又题准山西河南二省所收铜器无多暂停鼓铸。"③可见，此时宝河局开铸钱币所用之铜料仍系收买铜器得来，而所用铜料来源依旧非常之紧张，以至于两年之后即导致钱局关停，此次关停直至咸丰四年（1854）。

同时，自康熙末、雍正初以后，随着云南铜矿业的发展，滇铜逐渐开始弥补洋铜之不足，承担起供应全国鼓铸钱币用铜的重任，至乾隆时期发展到最高峰。

---

① 《雍正朝汉文朱批奏折汇编》三，六一三，第 806—807 页。
② 《钦定大清会典则例》卷四十四，第 52 页。
③ 同上书，第 11 页。

但自嘉庆起，滇铜生产又呈下降趋势，至道光时期更是如此，每年不敷京运采办额达十万到一二百万斤不等。

由于河南省宝河局在乾隆、嘉庆、道光时期关停，故此期间详情在本书中不再细述。

总而言之，顺治、康熙、雍正三朝，河南省局或河南宝河局一直在断断续续开铸，所用铜料从现有资料来看系收买废铜得来。其中，雍正朝铸期最短，留存的钱币实物也相对最少。

第二节　清代咸丰时期宝河局开铸铜钱的历史背景

铜钱是清代大部分时期百姓日常生活使用最多的货币品种，铜钱的价格变动直接影响物价水准和人民生活，因此白银和铜钱之间的比价对于社会稳定、商业繁荣显得尤为重要。

清朝入关以后直到乾隆三十年（1765）左右，银钱比价较为稳定，在一两白银兑换八百文铜钱左右波动。乾隆三十年（1765）以后，银钱比价开始上涨，进入嘉庆、道光时期以后，白银和铜钱之间的比价日益扩大，出现了所谓的"银贵钱贱"的现象。一般研究者将主要原因归为白银外流这个因素。彭信威先生在其著作《中国货币史》、杨端六先生在《清代货币金融史稿》中就持这个观点。

根据中国社会科学院严中平先生等的统计，中国对外合法贸易直到1833年以后仍保持出超地位。从中扣除走私鸦片每年流出去的白银数额，中国白银则从道光七年（1827）开始由入超变为出超。

表1-1　1826—1829年白银流出流入简表[①]

单位：银两

年　度	合法商品每年出口值 I	合法商品每年入口值 II	合法贸易出入超 I - II = III	走私鸦片值 IV	估计白银流入流出情况 V = III - IV
1826—1827	13734706	10284267	3450079	6957216	-3507137
1827—1828	13784148	8380235	5403913	7506137	-2102224
1828—1829	13901480	8805107	5096373	9899280	-4802907

[①] 摘自王宏斌：《清代价值尺度货币比价研究》，生活·读书·新知三联书店，2015，第213页。

从表1-1可以看出，仅1826—1829三年间，白银外流已超千万两之巨。白银巨额外流使清政府的财政压力更加巨大，导致国内的银贵钱贱现象变得更加严重。

不仅如此，由于铜价日昂，各地钱局如按照原有规章铸造制钱和搭放，只会导致亏损，因此地方大员不断报告钱局停铸、暂缓开铸或减卯鼓铸情况。而钱币的私铸情况和劣质小钱越发多见，越南等地的轻薄劣钱也大量走私进来参与流通，这也进一步导致了银贵钱贱现象的加剧。

也有学者认为这一时期"银贵钱贱"的情况另有原因，河南大学王宏斌教授研究发现，晚清银贵钱贱的决定性因素不在于此，而是由于商品经济的发展，社会财富的增加，导致货币流通领域发生了相应的变化，社会对白银的需求不断增加，银两作为价值尺度和支付手段越来越重要，制钱的职能日益削弱，所以产生了"银贵钱贱"的现象，是货币经济规律使然。

由于此论题不是本书研究的内容范畴，本书在此对于各家的结论不做判断，仅进行罗列举例供读者参考。

不论何种原因，到了道光、咸丰时期，中国2000多年的铜钱流通体系已经跟不上时代的发展，制钱制度也到了行将崩溃的前夕。

对于银钱比价日益悬殊的实际情况，封建王朝的官员们没有良策，只能还是从祖宗法典里面寻求解决方案。因此，道光时期已经有大员开始建议模仿其他王朝鼓铸大钱，试图通过铸造虚值大钱解决财政紧张和银钱比价的问题。

例如，广西巡抚梁章钜建议铸造当十至当千大钱，御史雷以诚建议铸一两重百钱，安徽巡抚王植请铸大钱等，这些奏折被户部尚书潘世恩、军机大臣穆彰阿等分别驳斥，认为不可行。对于朝廷重臣否决铸行大钱的意见，生性保守谨慎的道光帝持赞同立场。毕竟，在中国历史上，大规模铸行虚值大钱对于一个王朝来说往往是末世的信号,所以朝廷的希望仍寄托在"惟在各省源源开铸,设法疏用"①上面。

同一时期,道光朝财政窘迫的情况一直未有改善。

道光二十二年(1842)年底,由于户部库丁舞弊分赃不均,导致自嘉庆五年(1800)以来户部历年亏空情况被彻底曝光,次年三月兵部右侍郎惟勤奉旨彻查的结果是:"统计存贮各项银两,实共存银二百九十二万九千三百五十四两四钱四分,较原册所开之数实亏银九百二十五万二千七百六十二两三钱七厘。"②道光帝面对这900多万两的巨额亏空,恼怒异常,在奏折上朱批了"愧恨忿急"四字来形容自己的切身感受。

至道光三十年(1850),户部存银:"截至本年十月三十日止,共一百八十七万余两,连已拨未解及起解在途各银二百二十五万余两,共银四百一十二万余两。"③这个数字和雍正、乾隆时期动辄数千万两的国库存银已经不可同日而语了。

进入咸丰时期后,对于清政府来说,国内形势更为糟糕,狼烟遍地、军务大兴:大的起义有咸丰元年(1851)广西洪秀全领导的太平天国起义,同年还有皖北捻军起义;小的有广西、云南、贵州等地的农民起义,清政府镇压国内起义的军费开支极大。

据咸丰三年(1853)六月首席军机大臣兼管户部事务祁寯藻报告:"自广西用兵以来,迄经三载,经臣部奏拨军饷,及各省截留筹解,已至二千九百六十三万余两。……现在户部银库,截至本月十二日止,正项待支银仅存二十二万七千余两。七月份应发兵饷,尚多不敷。臣等备员农部,

---

① 中国人民银行总行参事室金融史料组编《中国近代货币史资料》(第一辑),中华书局,1964,第150页。
② 同上书,第166页。
③ 同上书,第171页。

多或十余年，少亦一二载，从未见窘迫情形，竟有至于今日者。"①可见此时的国库已经基本空虚。

为了搜刮财富充实国库应对浩大的开支，清廷当中又重新开始有了铸造大钱的建议。

咸丰二年（1852）十月十九日，四川学政、著名书法家何绍基首先上折请铸大钱，他认为："今必欲得一物以易银，有其用而无其弊，惟有大钱而已矣。"②此时的咸丰皇帝对大钱是否可行仍在犹豫当中，并未立即将何绍基的意见加以考虑。

到了咸丰三年（1853）正月、二月，御史蔡绍洛、刑部尚书周祖培、大理寺卿恒春等纷纷上折请铸大钱。面对实际形势的压力，咸丰帝不得不开始认真考虑大钱的铸行了，他命令户部官员进行议奏。

户部尚书孙瑞珍在回复皇帝的奏折中认为当十和当五十大钱可以试办，同时驳斥了其他人关于请铸当百、当千大钱的提议。对于孙的奏折，咸丰帝均作了"依议。钦此"的朱批③。

京局最开始铸行的两种面值大钱，尤其是当十大钱的流通初期，尚为军民所接纳，能够逐渐流通，看来似乎还是颇有成效的。

但是到了当年十一月十四日，巡防王大臣绵愉等因为军费浩大又提议铸当百以上大钱："窃查现在军需浩繁，筹饷情形万分支绌……臣等体察现行大钱，民间既共知宝贵，易于流通，拟请再为推广添铸当百、当五百、当千大钱。"④尝到了发行大钱甜头、急于筹措军费的咸丰帝很快认同了他的观点，并让户部速议具奏。

---

① 中国人民银行总行参事室金融史料组编《中国近代货币史资料》（第一辑），中华书局，1964，第175—176页。
② 同上书，第197页。
③ 同上书，第205页。
④ 同上书，第206页。

虽然兼管钱法堂事务的户部右侍郎王茂荫在咸丰三年（1853）十一月二十一日和次年正月十二日上折详细阐述了铸行大钱的利弊，极力反对铸行当百以上大钱，但已经无济于事了。靠铸造大钱筹措经费已经成为从皇帝到地方的共识，至于将带来的恶果则不是眼下最为紧要的事情了。

咸丰初年的河南省，军事地位非常重要，河南南部就是湖北省，是太平天国势力范围的北方边界，东部是安徽省，是捻军活动的主要范围，河南一旦失守，两股起义军将渡过黄河，进逼直隶，震动京师。

清朝时期河南钱粮数字位于全国前列，据光绪末做过河南巡抚的陈夔龙记载："开封府祥符一县税额十万零，已逾贵州全省之数。"[①]

河南是农业大省，钱粮主要来自田赋，靠天吃饭的因素比较大，财政收入渠道非常单一。有资料显示，乾隆十八年（1753）统计，各行省设常关以征商税者三十五处，豫省独形缺如。在经济尚好的乾隆初年，偌大的河南省竟都没有关税收入。如表1-2所示。

---

① 陈夔龙：《梦蕉亭杂记》卷二，北京古籍出版社，1985，第74页。

表 1-2　清中前期河南钱粮与邻省比较①

省	田地数	田赋数（精确到两）	粮（精确到石）	税课数（精确到两）
河南	775491 顷 17 亩	3479014	米 41272、麦 38919、豆 23074	—
安徽	373957 顷 9 亩	1735153	米 415289、麦 10111、豆 22185、漕 284496	504799
山西	525511 顷 5 亩	3036791	粮 110900	352952
山东	883595 顷 28 亩	3344611	漕 345130	200072
陕西	306379 顷 49 亩	1612035	粮 200059	79278
湖北	564147 顷 66 亩	1235874	粮 172888、漕 141220	76519

资料来源：《大清一统志》卷五《直隶统部》、卷七一《江苏统部》、卷一〇八《安徽统部》、卷一三五《山西统部》、卷一八五《河南统部》、卷一六一《山东统部》、卷二二六《陕西统部》、卷三三四《湖北统部》。

而田赋收入受自然条件影响极大，一旦遇到自然灾害和战争，钱粮将大受影响。嘉庆朝以后，河南天灾不断（见表 1-3），黄河又屡次泛滥，同时豫省内部的防堵费用开支也很大，河南的财政可谓极其拮据。

---

① 摘自陈德鹏：《晚清河南巡抚研究》，中国社会科学出版社，2017，第 221—222 页。

表 1-3 咸丰时期河南部分州县灾荒情况①

朝	年	受灾州县及灾情
咸丰	一	鹿邑，秋，淫雨害稼
	二	中牟，蝗甚，花木俱尽
	三	灵宝，六月十八日夜大雨，漂没庐舍、人畜甚众。确山，大饥，民起为盗
	四	浚县，大荒。宜阳，五月，蝗大至，飞蔽天日，塞窗堆户，室无隙地。光山，蝗蔽天日。阌乡，六月，大水（冲压地六顷八十余亩）
	五	宁陵，六月河决北铜坂口。考城，河决铜瓦厢，北复故道，水灾
	六	郏县、阌乡、许昌县，旱、蝗。浚县，蝗飞蔽天，蛹子遍地。宁陵，秋，蝗食禾。光山，大旱，自五月至八月不雨，寸草不实。淮阳，大旱、蝗。考城、灵宝，蝗。孟县，六月，蝗蛹害稼。确山，六月，蝗伤禾。夏邑，大旱、蝗。新乡，秋，蝗自南来，飞则蔽天，落地厚数尺，秋禾尽伤，民大饥
	七	扶沟，闰五月，飞蝗蔽天，禾尽食。鹿邑，七月，蝗。南阳，春，大饥；六月，飞蝗蔽天，食禾殆尽；七月，蛹生遍野，食秋稼。淮阳，秋，蝗食禾殆尽。灵宝、中牟，蝗。洛宁，七月，蝗为灾。阌乡，蝗食禾殆尽。荥阳，蝗害稼
	八	鹿邑，秋，蝗。南阳县，五月，飞蝗入境。淮阳，八月，大雨，平地水深数尺。考城，蝗。确山，秋，大旱。商水，八月初八日，大雨如注，平地水深数尺。荥阳，又飞蝗蔽天。中牟，六月，蝗食稼至尽，尽覆茅屋
	十	鹿邑，春，淫雨市月。淮阳，冬大雪，平地深七尺，淹民庐舍。灵宝，黑虫食禾。阌乡，黑虫食禾。许昌县，冬大雪平地二三尺，贫民有冻死者。中牟，蝗

① 摘自陈德鹏：《晚清河南巡抚研究》，中国社会科学出版社，2017，第 199 页。

咸丰初年，河南按察使林扬祖在给同僚瑛棨（一名瑛桂）的信中就曾感叹："（河南）藩库竟存白镪（白银）数百余两，从来未有！想亦普天之下所无！"①

然而不仅如此，各种开支要求还源源不断从紫禁城发来，咸丰时期河南先后承担的主要费用包括：京饷，徐州粮台饷，安徽、扬州等处军饷；胜保、僧格林沁、曾国藩军营军饷；各省协饷；西北边疆军饷，等等。

其中，仅河南上缴给北京的京饷，咸丰四年（1854）每月需缴5万两；咸丰五年（1855）六月以后，每月则需缴15万两。面对巨额的饷银，河南实在难于应付，往往拖欠积压又成巨额亏欠。

图1-1 清光绪三十四年（1908）两淮京饷五十两元宝

《大清文宗显皇帝实录》中就记录了许多相关情形，例如：

咸丰四年（1854）五月上谕："着英桂等接奉此旨后，不拘何款，即筹拨银五万两，迅速派委妥员，赶紧启程，解交和春军营。一面仍着飞咨和春、派员迎提。毋稍迟误……将此由六百里加紧谕令知之。"②

---

① 中国史学会主编《捻军》卷五《瑛兰坡藏名人尺牍》，上海人民出版社，1957，第164页。
② 《大清文宗显皇帝实录》卷一二九，咸丰四年五月乙巳。

七月，咸丰严催："河南巡抚英桂奏、奉拨京饷。实在短绌情形。得旨。仍应设法筹解。断难任汝等备述窘状。一奏了事。"①

闰七月，上谕："山西、陕西饷银。到楚尚需时日。已函商英桂、于河南暂借银三万两。俟山陕饷到归还。并请饬山西、陕西抚臣。速即设法。通融接济……着英桂速拨银三万两。克日解往。仍俟山陕饷银过豫时扣存归款……将此由六百里加紧各谕令知之。"②

十一月又谕："户部奏、山东河南应解京饷、请严饬解交一摺。山东河南两省。应解京饷银两。经户部屡次奏催。日久未据报解各该抚身任封疆。当此需饷孔亟之时。仍复任意迁延。实属疲玩已极。崇恩、英桂着先行交部议处。仍着该抚等按照户部所奏。自本年六月为始。将每月欠解银五万两。迅速派委妥员如数起解。勒限于十一月内到部。"③

咸丰五年（1855）二月，上谕："现在扬州军营，需饷甚亟，催提州县应解之款，不敷支放。据奏粮台军饷项下，有山东省欠解银十六万八千两，河南省欠解银六万九千五百两。叠次奉拨未解……着崇恩、英桂，迅将该省欠解银两，勒限如数解赴扬州粮台应用。"④

五月，上谕："户部奏，河南等省，欠解甘饷过多。请将巡抚藩司议处等语。甘肃省癸丑甲寅两年兵饷，河南省欠解银九十余万两，山东省欠解银二百余万两。叠经行催罔应。实属玩误。河南巡抚英桂、布政使郑敦谨，山东巡抚崇恩、布政使厉恩官，均着交部议处。"⑤

五月，上谕："着崇恩、英桂严饬藩司。将六月份应解京饷，按每省十五万两之数，无论何款，先行提动。限于六月二十日以前，全数解到。

---

① 《大清文宗显皇帝实录》卷一三六，咸丰四年七月庚戌。
② 《大清文宗显皇帝实录》卷一三九，咸丰四年闰七月癸未。
③ 《大清文宗显皇帝实录》卷一五〇，咸丰四年十一月丙寅。
④ 《大清文宗显皇帝实录》卷一六〇，咸丰五年二月壬戌。
⑤ 《大清文宗显皇帝实录》卷一六七，咸丰五年五月乙亥。

嗣后每月应解银十五万两，均以每月十五日为限。倘有迟延，及交不足数，以致兵饷贻误，朕必将该巡抚、藩司执法惩治，决不宽贷。"①

作为河南的最高长官，不但要面对本省的各项开支，同时要兼顾京饷、各类协饷，时不时还需筹办银两给邻省作为军费。以至于巡抚英桂直接在奏折里面向咸丰哭穷。虽然咸丰帝自己也知晓豫省藩库十分支绌，但是国家的赋税重地江浙一带已经为太平军所占领，各项开支无从筹措，只能从尚且相对太平的省份——包括河南——一再摊派。所以皇帝并没有对英桂进行宽免，反而严加申斥，一再追讨，乃至要将英桂"交部议处"。

皇帝筹饷筹粮的命令下达到省里后，又会层层下达到各府、州、县，最极端的例子是地方官员不堪压力而自杀。咸丰四年（1854），河南鄢陵知县就因钱漕征收不完而自尽。

对此种现象，曾国藩后来深有感触地说："督抚本不易做，近则多事之秋，必须筹兵筹饷。筹兵，则恐以败挫而致谤；筹饷，则恐以搜括而致怨。二者皆易坏名声。"②事实也确实如此。

据同治十一年（1872）河南巡抚钱鼎铭的粗略统计："自军兴，十余年供支军饷，司库早已悉索无余……统计每年出项已将及四百三十万两之多。"③而这还是太平天国运动和捻军起义失败以后的开支。

这一切都说明当时的朝廷和河南财政确实是左右难支，没有余钱了。

---

① 《大清文宗显皇帝实录》卷一六八，咸丰五年五月辛卯。
② 曾国藩：《曾文正公家书全集》，天津人民出版社，2014，第371页。
③ 钱鼎铭《豫省库储支绌专协各饷未能依时筹解请旨敕部筹议折》，《钱敏肃公奏疏》，成文出版社，1968，第185页。

第二章
咸丰宝河局的开设和铸制情况

第一节 咸丰宝河局的开设时间和人员设置

在咸丰三年（1853）京局开铸大钱试行初见成效以后，咸丰皇帝认为找到了筹集军饷等开支的妙方，希望在全国迅速推广开来，但至咸丰四年（1854）五月时止，仅福建、山西、陕西督抚奏明遵办，对于其他尚未开铸大钱的省份，咸丰在上谕当中急切催促："着各省督抚、将军、都统、府尹等，查照户部原奏，督饬所属。酌量地方情形，迅速设立官钱局，并设法筹款。开炉加铸。俾钱法与钞法相辅而行。"①

河南省在接到谕旨催促以后，也将铸造大钱提上日程，并于当年七月初二日开炉试铸。河南巡抚英桂在当月的报告中称："遵照部定章程，清汉文字及分两铜色次第造模，于七月初二日开炉试铸各种大钱。"户部和咸丰帝分别批红和朱批："户部知道""知道了"。②

同时，巡抚英桂在闰七月十二日的奏折中报告了宝河局详细的人员责任情况："专委候补道张维翰、候补知府赵书升、知府用开封府同知罗景恬总司局务；布库大使叶世槐专管钱库；候补通判徐久照、候补县丞郑荣禧、试用未入流张嗣麒、侯燕翼、张景芝分管收支监铸等事，开封府知府王建泰、

---

① 《大清文宗显皇帝实录》卷一三〇，咸丰四年五月丙辰。
② 河南巡抚英桂《奏报设局铸造大钱开炉日期事》，咸丰四年闰七月十二日，中国第一历史档案馆，档号：04-01-35-1370-006。

署祥符县知县汪曜奎稽查弹压。"①

在当年十二月初九日英桂奏折中所拟的铸造大钱章程八条中，也写道："监铸。委粮盐道督办，布政使往来稽察（查），候补道、府大员专司局务，并本局文案布库大使专管钱库，候补同、通一员专管铜库，候补佐杂四员分管收支铸锉事宜，开封府知府、祥符县知县稽查弹压。"②

这两份奏折所陈述的内容基本一样，可以看出，宝河局的主要管理人员就是时任河南布政使的郑敦谨，以及粮盐道瑛棨，他的名字和时任河南巡抚英桂很接近。

奏折中提到具体督办宝河局事务的粮盐道，全称为"粮储盐法道"。清代在一般省份均设盐运使或盐法道，唯河南置粮盐道一人，兼理粮政与盐法，品级为正四品。

瑛棨，字兰坡，汉军正白旗人，道光间为内务府笔帖式，咸丰初任开封知府，升道员。咸丰三年（1853）任河南粮盐道，四年秋升长芦盐运使，五年升河南布政使。瑛棨和宝河局钱币文字的书写者周尔墉颇有来往，在周尔墉日记中曾多次被提及。例如，咸丰三年（1853）正月十五元宵节前，瑛棨自己做了一些元宵赠送给了周尔墉，这类琐事也被周尔墉记录在日记当中："昨首郡瑛兰坡观察贻自制汤圆极佳。"③ 如图2-1所示。

同时，瑛棨也收藏有周尔墉的信札36封，收录在《瑛兰坡藏名人尺牍》当中，显示了二人关系非常密切。

---

① 河南巡抚英桂《奏报设局铸造大钱开炉日期事》，咸丰四年闰七月十二日，中国第一历史档案馆，档号：04-01-35-1370-006。
② 中国人民银行总行参事室金融史料组编《中国近代货币史资料》（第一辑），中华书局，1964，第239页。
③ 周尔墉：《周尔墉日记》，国家图书馆藏稿本，咸丰三年正月十五日。

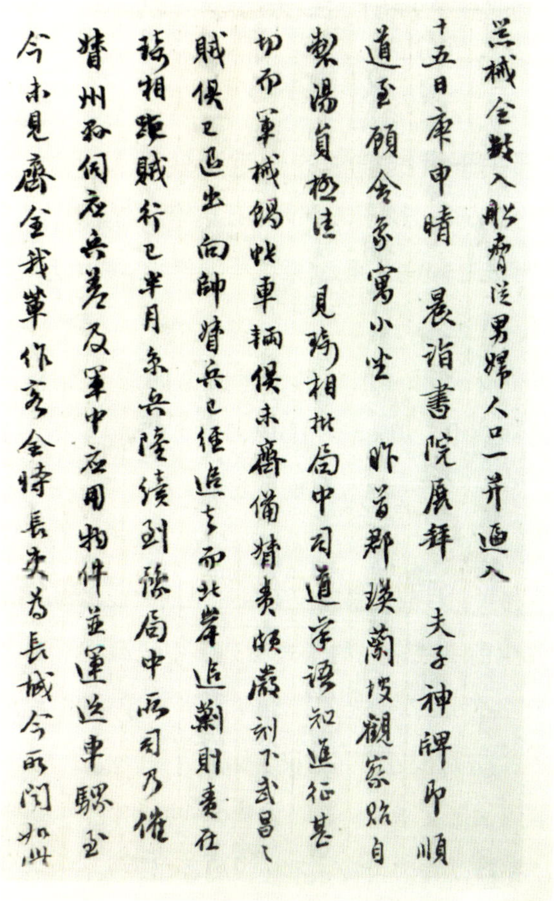

图 2-1 《周尔墉日记》（手稿本）

第二节　咸丰时期户部关于大钱重量、材质的规定

一、户部关于大钱重量的规定及变动

咸丰三年（1853）三月，户部尚书孙瑞珍报告计划铸当十大钱的时候，当十大钱重量标准为："每文重六钱。"①清代的一钱约为现在的3.72克，六钱约重22.3克。

九月，户部、工部尚书联名折里面也提到了当十、当五十大钱的重量："以两卯铜十三万九千九百余斤铸六钱重当十大钱……以一卯铜六万九千九百余斤，铸一两八钱重当五十大钱。"②一两八钱大约为66.9克重。

这个数字和我们目前观察咸丰宝泉局早期大钱实物的情况是接近的。

齐宗佑先生的《咸丰钱的版式系列》中记载，早期大样大字咸丰当十钱的重量在22.0~25.5克之间，早期大样大字咸丰当五十钱的重量在59.4~67克之间，非常接近户部的议定标准。③

但是随着绵愉等关于请铸当百以上大钱的建议，以及管理户部事务的首席军机大臣祁寯藻关于大钱减重建议的提出，大钱在咸丰三年（1853）十一月计划进行减重："请将当千大钱铸重二两，当五百大钱铸重一两六钱，当百大钱铸重一两四钱……臣等再四熟筹，应请将当五十大钱减为计重一两，当十大钱减为四钱四分。"④

---

① 中国人民银行总行参事室金融史料组编《中国近代货币史资料》（第一辑），中华书局，1964，第205页。
② 同上书，第215—216页。
③ 齐宗佑编著：《咸丰钱的版式系列——自藏自拓咸丰钱集》，中华书局，2002，第82—83、67—69页。
④ 中国人民银行总行参事室金融史料组编《中国近代货币史资料》（第一辑），中华书局，1964，第206—207页。

户部于咸丰四年（1854）正月十二日给皇帝呈送了减重大钱式样："其改铸当十、当五十，并加铸当百、当五百、当千五项大钱，臣等当即督饬宝泉局监督，遵照奏准分两铸造式样。兹据该监督如式铸就，呈送前来。"①

其中当五十大钱并没有按照祁寯藻奏折中的请求减重为一两，而是减重为一两二钱，据咸丰四年（1854）正月十六户部尚书报告："臣等公同商酌，请以二卯铜斤……配铸四钱四分重当十大钱四千九百八十六串……又以一卯三分铜斤……配铸一两二钱当五十大钱一千一百八十八串……又以半卯二分铜斤……配铸一两四钱重当百大钱五百四十八串五百三十二文……请于所存铜斤内酌提十成净高铜，试铸二两重当千大钱二万九千一百一十四个，一两六钱重当五百大钱五万四千五百八十八个。"② 同日奉旨："依议。"③

这时的当五十大钱重量减为一两二钱，大约为 44.6 克重；当十大钱重量减为四钱四分，大约为 16.4 克重；当百大钱的重量是一两四钱，大约 52 克重；当五百大钱的重量是一两六钱，大约为 59.5 克重；当千大钱的重量是二两，大约为 74.4 克重。

二、户部关于大钱配比的规定

咸丰三年（1853）九月京局开铸大钱时，由时任户部、工部尚书联名奏报咸丰帝筹办情况，拟将户部宝泉局"以两卯铜十三万九千九百余斤铸六钱重当十大钱，按铜七铅三配铸……以一卯铜六万九千九百余斤，铸一两八钱重当五十大钱，按铜七锡一成半铅一成半配铸"，工部宝源局"铸六钱重当十大钱三卯半……铸一两重当五十大钱二卯半……均按铜七铅三

---

① 中国人民银行总行参事室金融史料组编《中国近代货币史资料》（第一辑），中华书局，1964，第 216—217 页。
②③ 同上书，第 217—218 页。

配铸"，咸丰帝在当天就对此朱批："依议。钦此。"[①]

到了当年年底，由当时管理户部事务的祁寯藻提出了当百及以上大钱材质配比的详细方案："用十成净铜，将当千、当五百大钱铸成紫色；用滇铜七成锡铅三成，将当百大钱铸成黄色。"[②]这里的净铜就是通常所指的红铜。

同时，祁寯藻在同一份奏折里提出他的当五十、当十大钱的减重和配比方案："臣等再四熟筹，应请将五十大钱减为计重一两，当十大钱减为四钱四分，仍用滇铜七成锡铅三成配铸。"[③]也就是说，他建议当五百及当千大钱用净铜即红铜，当百至当十大钱为铜七成锡铅三成比例。

咸丰四年（1854）正月十六户部尚书奏折里，提到的大钱金属配比基本上和祁寯藻的提议一致："臣等公同商酌，请以二卯铜斤按铜七铅三配铸四钱四分重当十大钱四千九百八十六串……又以一卯三分铜斤按铜七铅锡三配铸一两二钱当五十大钱一千八百八十八串……又以半卯二分铜斤，用高锡、白铅、黑铅配铸一两四钱重当百大钱五百四十八串五百三十二文……请于所存铜斤内酌提十成净高铜，试铸二两重当千大钱二万九千一百一十四个，一两六钱重当五百大钱五万四千五百八十八个。"[④]

三、各省大钱重量、材质的情况

实际上，各省开铸大钱的具体情况和朝廷的规定并不完全一致。见表2-1。

[①] 中国人民银行总行参事室金融史料组编《中国近代货币史资料》（第一辑），中华书局，1964，第215—216页。
[②] 同上书，第207页。
[③] 同上。
[④] 同上书，第206—207页。

表 2-1　部分省开铸大钱简明情况[①]

省别	局名	具奏年月及具奏人	铸造情况	种类成色重量
直隶	宝直局	咸丰四年七月二十八日直隶总督桂良	已收铜斤一万七千七百七十斤,并提天津道县库存洋铜一万九千二百四十五斤,于六月二十四日开炉铸造。以五炉卯核计,每岁可盈余制钱十四万四千余串	当十、当五十、当百,铜七成,锡、铅三成
浙江	宝浙局	咸丰五年二月十八日浙江巡抚何桂清	本卯广铸制钱,增铸大钱。查大钱唯当十一种最便民用,且折当相等,私铸较少	铜七铅三
江西	宝昌局	咸丰四年十一月十六日江西巡抚陈启迈	于五月廿日开炉鼓铸	洋铜八成半,钗铜二成半,白铅一成
四川	宝川局	咸丰四年十一月二十日四川总督乐斌	于宝川局正铸项下改铸当十大钱两卯	当十重四钱四分,铜七铅三
甘肃	宝巩局	咸丰八年五月二十九日陕甘总督乐斌	宝巩局专铸当五、当十大钱,添铸八分制钱与大钱搭用。目上年六月起陆续添炉六座,约计一年可铸当十、当五两项大钱,足抵制钱二十二万四千余串	当五重一钱七分,当十重二钱四分,滇铜六成、白铅三成、黑铅一成

---

① 摘自中国人民银行总行参事室金融史料组编《中国近代货币史资料》（第一辑），中华书局，1964，第 241—244 页。

续表 2-1

省别	局名	具奏年月及具奏人	铸造情况	种类成色重量
福建	宝福局	咸丰四年三月初十日署闽浙总督王懿德	闽省大钱行之已久，未便照部议减重	当十、当五十二种
陕西	宝陕局	咸丰四年五月初十日陕西巡抚王庆云	按部议重量先铸当十、当五十、当百三种，民间行使未形踊跃。改订重量，试行后，商民称便	当十者重五钱，当五十者重一两五，当百者重二两，铜七铅三
河南	宝河局	咸丰四年十二月初九日河南巡抚英桂	呈报鼓铸大钱章程	当十重四钱四分，当五十重一两二钱，当百重一两四钱

从中还可以看出，有些省份并未按照朝廷的要求铸行大钱。例如，宝浙局当十以上大钱仅铸样钱，真正铸行当十至当千完备系列的钱局除京局外寥寥无几，仅有宝河局、宝陕局、宝巩局。

至于大钱的分量和配比，各地也不尽相同。

导致这些状况的原因是多方面的，宝浙局仅铸当十和当时浙江省大部为太平军所占领，开铸条件不足有关；宝苏局未正式开铸当五百、当千（仅存试铸样钱）和当时兵民强烈拒用有关；宝福局大钱较其他局厚重，是地方行用习惯造成的。

而完整开铸大钱系列的宝河局、宝陕局、宝巩局均为藩库开支浩大或西北偏远之省，手工业、商业税收、关税收入均较少，财政收入渠道相对江南地区来讲较为单一，因而开铸大钱对于增加地方财政收入来说非常重要。

第三节　宝河局铸币铜料来源

开铸大钱，一是有上谕急催，二是对河南财政收入确实能起到积极作用。经过筹备，河南省于咸丰四年（1854）开铸大钱。但是铸大钱的重要原料——铜，对于河南来说是一个极大问题。

此时清朝历经数朝的"滇铜京运"制度行将崩溃。一是滇铜产量不断下降，无法满足国内用铜需要。二是太平天国起义截断了原有的京运长江水运路线，滇铜无法顺利抵京，铸钱用铜大受影响。因此咸丰三年（1853）起，滇铜开始改道运京。同时，清政府出台了严格的铜禁和搜刮、捐输铜斤措施。

而河南本就是一个铜矿匮乏的省份，对于迫在眉睫的开铸铜料需求，只能是强为无米之炊，就地筹铜开铸。

咸丰四年（1854）闰七月，河南巡抚英桂在奏折里向皇帝这样陈述："豫省并无产铜之区，司库又乏买铜成本，熟筹详计，唯有设法收集废铜，招匠试铸。"[①]

"收捐铜斤，按照市价，生黄铜每斤合钱二百二十文，熟黄铜每斤合钱三百文，紫铜一项尤为缺少，现在市价每斤七百文。"[②]

十二月，河南巡抚英桂的奏折中又提到："现用铜斤仍由各处收买废铜以供鼓铸……臣覆加体察，当千、当五百大钱，难以行用，系属实在情形。至收买废铜，有时而尽，设有不继，停炉以待，殊多掣肘……豫省鼓铸，现系收买废铜，第废铜易尽，必须筹运额铜，方能无误卯额。"[③]

---

① 河南巡抚英桂《奏报设局铸造大钱开炉日期事》，咸丰四年闰七月十二日，中国第一历史档案馆，档号：04-01-35-1370-006。
② 同上。
③ 河南巡抚英桂《奏报筹议设局鼓铸大钱章程事》，咸丰四年十二月初九日，中国第一历史档案馆，档号：04-01-35-1370-025。

在《钦定大清会典事例》当中也提到："（宝河局）每卯十炉，正铸铜七千五百斤，系废铜……每卯附铸外耗铜一千九百六十六斤十两零，系废铜。"①

以上表明，从咸丰四年（1854）闰七月初二宝河局试铸开始，一直到十二月英桂向朝廷报告时，将近半年时间，河南铸造大钱，都是靠收买废铜来提供铸钱原材料。

和奏折报告的一样，我们今天见到的咸丰宝河局大钱（当十、当五十、当百），铜质基本以黄铜为主，同时还有少量红铜、白铜，以及介于二者之间的水红铜、青白铜，真实地反映了宝河局铜原料来源的复杂与不稳定。正因为铜料的成色不一，英桂在奏折里面并未提及大钱的材料配比情况。

《光绪钦定大清会典》虽然提到了河南原本计划实施的筹运额铜细节：每年云南带运滇铜五十万斤，江苏带运洋铜五十万斤。但是由于实际的军事和财政情况，这些安排均没有实现。

另外，宝河局已经将近百年未建局开铸，工匠人手也是令人头疼的问题之一。

巡抚英桂在设局铸造大钱开炉日期折中就说："自雍正九年停铸以后，历年已久，器具无存，匠役人等亦无熟手。"②

可想而知，这种仓促上马、就地取材的铸造，质量也不可能整齐划一。这种情况和我们现在见到的咸丰宝河局大钱翻砂铸造水准参差不齐的现象是高度吻合的。

这些无一不反映出当时宝河局铸钱的急切窘迫。

---

① 光绪朝《钦定大清会典事例》，卷二百一十九。
② 河南巡抚英桂《奏报设局铸造大钱开炉日期事》，咸丰四年闰七月十二日，中国第一历史档案馆，档号：04-01-35-1370-006。

第四节　用实物分析宝河局钱币重量与材质的结果

宝河局大钱的重量，在英桂的奏折里有明确提到："铸式。遵照户部续定章程，铸造当十大钱重四钱四分，当五十大钱重一两二钱，当百大钱重一两四钱。"①河南报告的情况和户部的要求是一致的。见表2-2所示。但是没有见到河南关于当千、当五百大钱的重量报告，这应该和该奏折报告时候，宝河当千、当五百已请停铸有关，但是应该与户部规定的重量一致。宝河局小平铜钱重量没有查到河南省官员的报告，实际测量数值大约重为一钱，这和户部在咸丰初年规定的重量一致。

表2-2　户部关于大钱减重后重量的规定

面值	重量	
	旧制	克数
当十	四钱四分	约16.4克
当五十	一两二钱	约44.6克
当百	一两四钱	约52克
当五百	一两六钱	约59.5克
当千	二两	约74.4克

数据来源：户部尚书孙瑞珍等《议铸大钱数目》，咸丰四年（1854）正月十六日，北京图书馆藏翁同龢家抄本《大钱杂钞》。

---

① 中国人民银行总行参事室金融史料组编《中国近代货币史资料》（第一辑），中华书局，1964，第239页。

表 2-3 部分宝河局大钱实际测量数值

面值	重量	编号
当十	17.2 克	6-1-16 号
当十	17.7 克	6-1-17 号
当十	19.2 克	6-1-18 号
当十	17.4 克	6-1-19 号
当五十	47.6 克	6-1-10 号
当五十	47.4 克	6-1-11 号
当五十	47.6 克	6-1-14 号
当五十	42.1 克	6-1-15 号
当百	56.2 克	6-1-6 号
当百	57.3 克	6-1-7 号
当百	50.0 克	6-1-8 号
当百	50.0 克	6-1-9 号
当五百	57.3 克	6-1-2 号
当五百	59 克	1896 号
当千	72.2 克	6-1-1 号
当千	69.5 克	1897 号

数据来源：中华书局《咸丰钱的版式系列》、上海书画出版社《元明清钱币》。

如表 2-3 所示，宝河局早期大钱实物的重量与户部规定的重量相差无几，尤其是发行量较少的当十、当五十和发行量极少的当五百、当千误差更小。考虑到宝河局较为粗糙落后的铸造水准，说明河南基本上是按照户部要求的标准在进行铸造的。

同时，笔者选取了三枚铸造时期靠前的宝河局周书当百大钱和九枚铸造期稍晚的宝河局异书当百大钱进行无损分析测试。测试结果分别如表2-4、表2-5所示。

测试所用的仪器为：Skyray Instrument（江苏天瑞）光谱仪，型号为：EXPLORER 5000。测试地点为：英华达（上海）科技有限公司实验室。

表2-4 周书当百大钱测试结果

单位：%

钱币编号	成分				
	铜	锌	铅	铁	锡
1	60.5	35.3	2.3	1	0.5
2	60.2	30.3	5.8	1.7	1.5
3	61.9	29.3	5.3	1.4	1.8

从测试结果可以看出，选取的早期周书大钱的铜铅比例约为铜六铅四（金属锌在户部和地方相关报告中一般称呼为铅或白铅，真正的金属铅被称呼为黑铅），和清中前期流通的小平铜钱金属成分基本一致，不排除宝河局早期熔铸了小平铜钱来改铸大钱。

表 2-5 异书当百大钱测试结果

单位：%

钱币编号	成分				
	铜	锌	铅	铁	锡
1	57.3	35.7	4.9	1.1	0.8
2	60.6	32.1	4.0	1.3	1.1
3	51.1	24.8	19.0	3.2	1.6
4	58.9	31.9	5.9	1.8	1.2
5	58.7	31.7	6.1	1.9	1.4
6	56.3	34.9	6.1	1.7	0.9
7	56.4	33.9	6.8	1.6	1.0
8	57.7	34.5	5.1	1.6	0.9
9	55.4	36.5	5.1	1.7	1.0

从测试结果可以看出，选取的异书大钱的铜铅含量比例有较大差距，含铜量最低的只有五成出头，含铜量高的有六成多，这反映了当时收买废铜来源的多元化和不稳定。这种情况与河南巡抚英桂的报告内容十分吻合。

第三章
咸丰宝河局铸币的几个相关问题

第一节 咸丰宝河局钱币文字书写者考证

宝河局大钱的钱文清新俊朗,骨力十足,在咸丰诸局中独树一帜,风格明显,受到藏家的追捧和喜爱。但究竟为何人所书,历史记载不多。

目前能看到的相关记载是清鲍康《大钱图录》中的一句话:"幼云言,(钱文)是周容斋太史尔墉所书。"[①]旁边另有小字补注:"一言农部。"

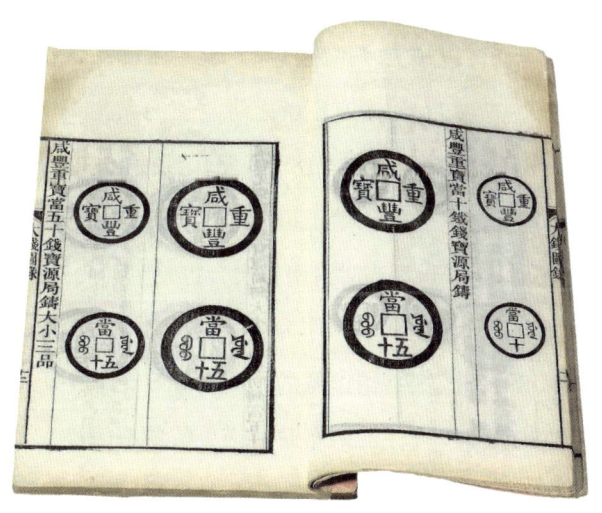

图 3-1 鲍康《大钱图录》书影

---

① 鲍康编《大钱图录》,北京大学出版社,1989,第25页。

这里的"幼云"指的是杨继振:"杨继振,字幼云,汉军镶黄旗人。工部郎中,收集金石文字,无所不精,于古泉币收藏尤富,剖析原(源)流,考证文字,多发前人所未发。"①

他的"生年大约是道光十二年(1832),卒年在光绪十九年(1893)至光绪二十三年(1897)正月十五日之间"②。

杨继振是晚清有名的钱币收藏家,对于钱币历史掌故应该较常人更为熟稔,同时他也是朝廷五品官员,活跃的年代和周尔墉在世时间有部分重合,所说应该比较准确。

至于补注中提到的"农部",指的应该还是周尔墉,因为他曾做过户部郎中,户部别称为农部。在古代非官方典籍或者信札日记中,以官名替代名字的现象比比皆是,最有名的就是杜甫,他的别称杜工部世人皆知,因其担任过检校工部员外郎。因此,鲍康所引的两条信息来源说明的其实是同一个结论。

这是第一个例证。

周尔墉,字容斋,以顺天乡试副榜累官至户部郎中,书法闻名当朝。他祖籍浙江嘉善,家族却和河南有不解之缘。他的大儿子周士镗咸丰三年(1853)为河南候补道,咸丰六年(1856)赏按察使衔,咸丰七年(1857)为河南按察使(正三品)。周尔墉于道光二十七年(1847)告病辞官,随子周士镗居河南开封(开封为当时河南省会,也是宝河局所在地)。

周尔墉在河南开封居住期间,作为及第较早之官员,与当时河南官场主要官员都很熟悉。国家图书馆馆藏的《周尔墉日记》中记载,周尔墉和时任河南布政使郑敦谨、继任河南布政使瑛棨等颇有来往。他在给瑛棨的

---

① [清]李遇孙、陆心源、褚德彝著,桑椹点校:《金石学录三种》,浙江人民美术出版社,2017,第200页。
② 聂壮:《关于〈红楼梦稿〉的收藏者杨继振生平资料的考述》,《华章》2010年第10期。

私人信件中，称呼瑛棨为"兰坡方伯三哥大人"或"兰翁三哥大人"[①]，显得极为亲近。

周尔墉的书法在当朝就颇为有名，瑛棨就曾将周尔墉信札装成册页，作为礼物赠予河南学政李鸿藻。如图3-2所示。

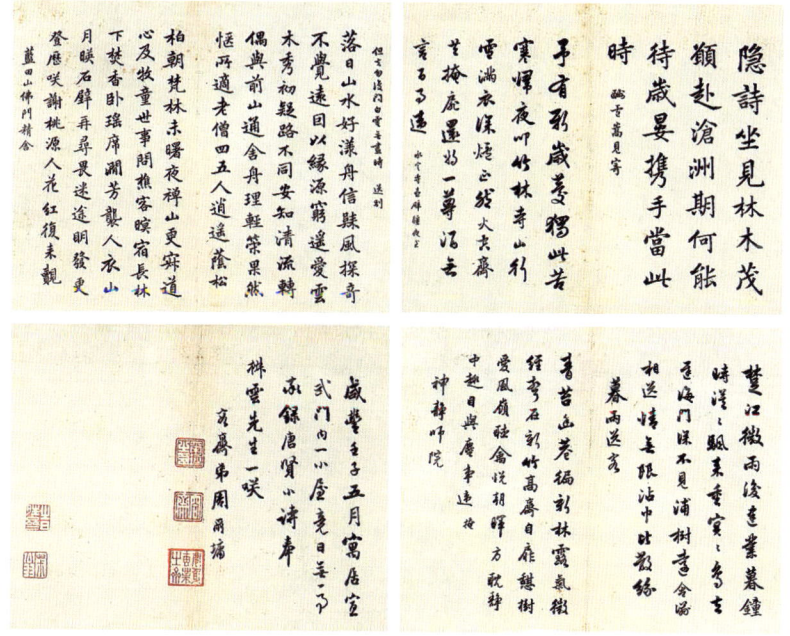

图3-2 周尔墉书法册页（嘉德四季第十八期拍卖会，第1483号拍品）
注：落款中提到的椒云先生即先后做过多省布政使、按察使，撰写《道咸宦海见闻录》的张集馨。此册页书写于咸丰二年（1852）五月，当时周尔墉客居北京。

但可惜的是馆藏的《周尔墉日记》只有单单一册，记录到咸丰三年（1853）便再无下文，不然，很有可能从周尔墉本人的记录中找到直接证据。

恰在周尔墉居河南期间，宝河局重新开铸（咸丰四年）。可以猜测，周尔墉作为户部的前官员，和河南地方官场尤其是财政主要负责官员相当

---

① 中国史学会主编《捻军》卷五《瑛兰坡藏名人尺牍》，上海人民出版社，1957，第26—35页。

熟悉，自己又擅长书法，那么代为书写宝河局钱币文字，是有可能的事情。并且在唐、宋、元各朝都有擅书法的大臣书写钱文的先例。这是例证之二。

例证之三是和周尔墉本人书法的对比。判断宝河局钱币上的文字是否由周尔墉所写，最直观的证据当然是笔迹对照。本书选取了宝河局开铸的钱币文字与上海崇源艺术品拍卖有限公司 2007 年假期拍卖会第 0145 号周尔墉楷书书法立轴进行笔迹对比。如图 3-3 所示。

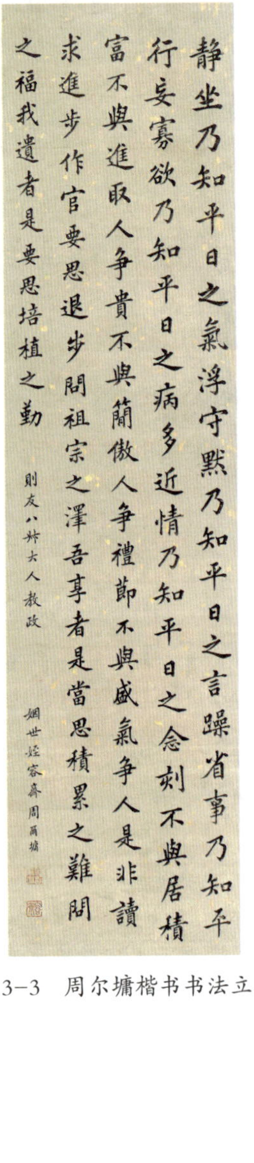

图 3-3　周尔墉楷书书法立轴

本书截取了相同或者近似文字排列一起,进行文字对比,如图3-4所示。

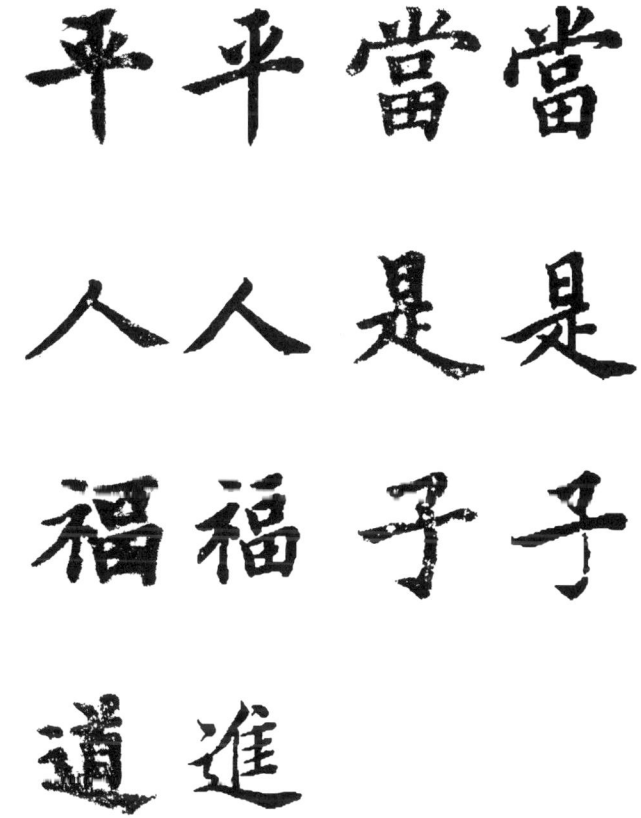

图3-4　钱币文字拓片(左)与周尔墉书法立轴文字(右)对比

从对比图可以看出,这两种文字书法用笔习惯、细节高度相似,可以认定为同一人所书。同时可以看出用笔深受欧阳询影响,结构比例非常适中,但和标准欧体的法度森严相比,又不失灵动,这和典籍记载的周尔墉书法特点描述一致。

综上,可以确定,宝河局钱币的文字(包括周书大钱、开炉吉语花钱)确系周尔墉所书。

第二节　咸丰宝河局的六种开炉纪念性质花钱

中国古代，铸钱局往往会在重大庆典或者开炉时候制作一些和普通流通钱币不同、带有纪念性质的特殊钱币，我们称为庆典花钱和开炉花钱。

在宝河局铸造的钱币当中，有一套花钱因其文字清新俊朗，骨力十足而格外引人注目，但是由于数量稀少，收集难度很大，做过研究的人比较少。目前所知只有广东胡坚先生收集完备。

此系列花钱所见共6种，按形制分大、中、小三种类型，各2种。尺寸、厚度数据与宝河局当百、当五十、当十行用钱基本吻合。

大型的文字是："天子万年，永清四海""一人有庆，四海升平"。

中型的文字是："百禄是遒，万年有道""丰财和众，保富安民"。

小型的文字是："时和岁有，财阜民康""千祥云集，百福骈臻"。

以上各个品种发现数量都很少，其中"一人有庆，四海升平""千祥云集，百福骈臻"都只见2—3枚。最多的品种"百禄是遒，万年有道"，目前所知发现数量也仅十几枚而已。

从文字上看，这一系列钱是典型的吉语花钱，文字的选择上也很有讲究，不是常见的祈祷富寿多财，加官晋爵，而是崇拜皇权，祈祷苍生，关注天下民生等内容。例如：

"永清四海"语出《尚书·泰誓上》："尔尚弼予一人，永清四海。"

"百禄是遒"语出《诗经·长发》："不竞不绿，不刚不柔，敷政优优，百禄是遒。"

"财阜民康"语出《后汉书·刘陶传》："夫欲民殷财阜，要在止役禁夺。"

我们判断这个系列的花钱是由宝河局进行铸造的。

第一，从发现地来看，此系列钱发现地有河北、山东、河南、江苏，以及国外的日本（系平尾赞平旧藏）、新加坡。旧藏于新加坡的两枚据说发现于一堆宝河流通钱中，估计早年也出自河南，现已回流中国。目前所知在河南省北部地区也发现过其中的几个品种。

第二，从文字和形制上看，这些钱币的形制和宝河局行用钱几乎一致，包括直径、厚度、打磨工艺。文字一眼就能让人联想到著名的宝河局书法：周书（周尔墉书法）。

第三，笔迹对照。我们截取了周尔墉传世书法的个别文字和该系列钱币做了对比，结论是：书写风格、细节等高度一致，可以认定为同一人所书（见本章第一节）。

第四，民国时期代表着中国钱币界最高研究水准的团体——中国泉币学社第137次例会记录当中，曾记载当时马定祥先生出品的一枚花钱，原文记载为："定祥：河南卅炉大钱，一人有庆、背四海升平。"[①] 如图3-5所示。在中国泉币学社例会上出品的这枚钱币应该就是此系列中当百形制的一种。

---

① 《中国泉币学社例会记录》（影印·校注本），上海书画出版社，1993。

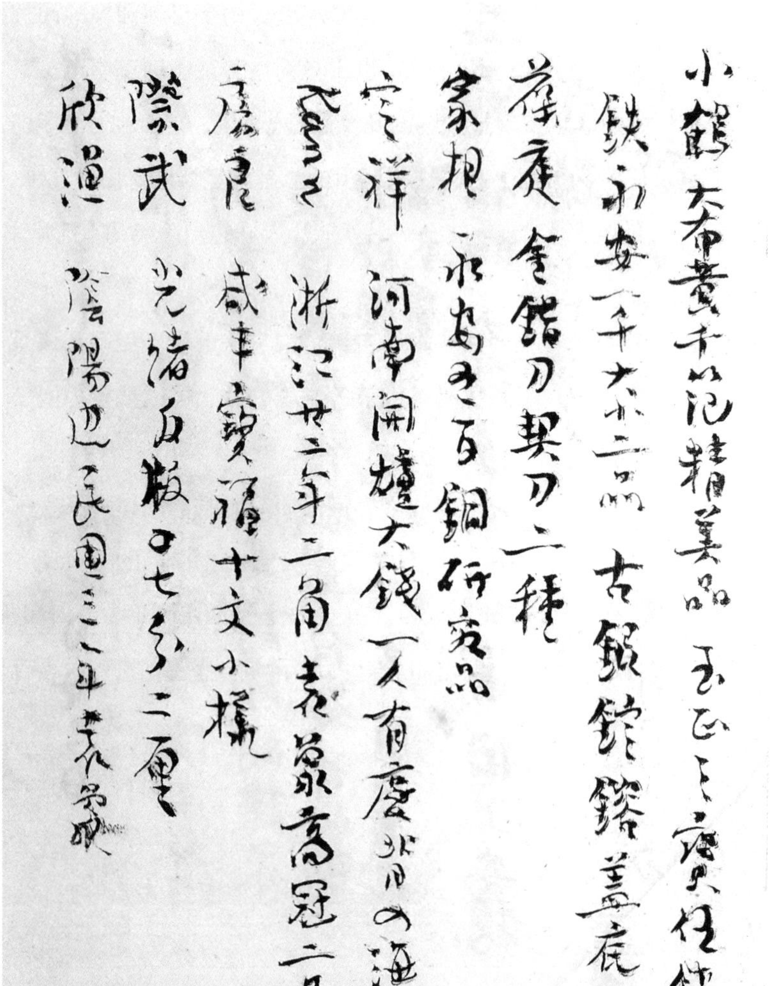
小鶴 大布黃千如此精美品 玉匠上寶貨錢二文五一分
鉄、永安一千大小二品 古銀錠、鎏金盖底一套 金錯刀
葆庭 金錯刀契刀二種
家相 永安五百銅研究品
宝祥 河南開爐大錢一人有慶背日如海昇平
Kann氏 浙江廿二年二角 袁象高冠二品
慶良 咸丰寶福十文小樣
際武 光緒百版〇七分二厘
欣逸 陰陽邊 民國三二年袁頭

图 3–5 《中国泉币学社例会记录》第 137 期记录

第五，我们将此系列中当十型花钱和早期精铸的宝河局当十流通钱币分别作了金属成分分析，发现金属含量比例成分几乎完全一致，如表3-1所示。可以判断是同一炉口的产品。同时可以推断，这种开炉纪念花钱和早期行用大钱所用铜料来源相同。

测试所用的仪器为：Skyray Instrument（江苏天瑞）光谱仪，型号为：EXPLORER 5000。测试地点为：英华达（上海）科技有限公司实验室。

表3-1 宝河当十行用钱和当十型开炉花钱金属成分比例分析

单位：%

名称	编号	金属成分比例				
		铜	锌	铅	锡	铁
宝河当十行用钱	BH-10-09	57.3	32.2	6.8	1.9	1.5
当十型开炉花钱	BH-KL-10-02	57.7	32.2	6.5	1.8	1.5

由此，可以判断，该系列钱币是由宝河局在开铸初期特铸的，由户部前郎中、书法家周尔墉书写文字的吉语花钱，铸造时期大约是咸丰四年（1854）宝河局开炉试铸前后。

由于宝河局恢复铸造时间仓促，工艺尚不熟练，所以目前见到的宝河局开炉花钱铸造有精有粗，并不一致。

这一套开炉吉语花钱具有特殊纪念性质，所以铸造不多，流传下来的更少，是吉语钱中不可多得的珍稀品种，非常值得收藏和把玩。

第三节　咸丰宝河局的部颁样钱研究

　　样钱，是一类特殊性质的钱币，概念和近现代机制币中的样币接近，但是又有区别。按照铸造用途不同，咸丰时期的样钱大致可以分为部颁样钱、进呈样钱、试铸样钱。

　　其中的部颁样钱指的是经由朝廷批准、户部铸造和颁发给地方作为铸造参考标准的钱币。地方根据中央颁发的样钱式样，分量开铸流通钱币。通常，户部会同时颁发地方雕母、母钱、子钱各一枚。

　　《钦定大清会典》中记载了清代早期颁发样钱的记录：

　　"直省鼓铸，顺治元年定铸成顺治通宝样钱，颁发河南、陕西两省；直隶宣府、蓟州；山东临清；陕西延绥等镇开炉鼓铸，令布政使司总理，就近道官府同知通判分管。"[①]

　　"（顺治）十三年议准各省鼓铸如样钱颁发，而铸造迟延并季报愆期铸制钱粗坏者皆罚俸一年。"[②]

　　"（顺治）十八年题准铸成康熙通宝样钱颁发省局依式铸造。"[③]

　　"（康熙）六十一年题准铸成雍正通宝样钱令四川、云南两省设炉鼓铸，宝泉局颁发样钱，四川背用宝川二清字（即满文），云南背用宝南二清字（原文此处有误，应为背用宝云二清字），嗣后别省铸钱皆用宝字为首，次加各本省一字。"[④]

　　"（雍正十三年）又奏准改铸乾隆通宝样钱颁发设炉各省一式遵照

---

① 《钦定大清会典则例》卷四十四，第 6 页。
② 同上书，第 8 页。
③ 同上书，第 8 页。
④ 同上书，第 9 页。

鼓铸。"①

从这里可以看到，凡是改元更换年号，朝廷必会铸造样钱颁发各省，这种给到各省作为标准器的钱币就是部颁样钱。

一般来讲，各开铸省份都应按照部颁钱币式样铸造流通币，流通钱币和部颁样钱样式应该相仿才是。清末《钦定吏部处分则例》记载："各省钱局由部颁发样钱照式鼓铸，将铸出钱文解部查验，其鼓铸数目、动存工本等项，按季造册送部查复，如所铸钱文与部颁式样不符；或样钱已颁到省，不即照式铸造者，经管官俱罚俸一年。"②这只是朝廷的书面规定，实际情况并不完全是这样。

顺治、康熙、雍正时期各省制钱铸造风格相差很大，清早期的部颁样钱具体式样比较难以考证。乾隆即位初期，铸造有和雍正末期相仿的大字版式，户部泉局、工部源局两局和部分地方局皆有，极有可能就是乾隆最早期的部颁式样。如图3-6所示。

图3-6　乾隆早期铸造的大字版钱币

到清中后期，部颁制度已经很成熟，部颁样钱的铸造式样也比较规范。在黄鹏霄所编《故宫清钱谱》当中记载有成套的嘉庆、道光和咸丰小平雕母钱，品种包含了多个省局，文字风格与京局一致，唯代表省局之满文不同，这应该就是宫中存档的部颁样钱之雕母，制作时间应该就是年号改元之时。

---

① 《钦定大清会典则例》卷四十四，第12页。
② 光绪二年沈贤书、孙尔耆校勘《钦定吏部处分则例》卷二十二，第1页。

当然，不是每个年号、每个省都有部颁样钱，未开铸的省份就没有部颁样钱存在。如图3-7所示。

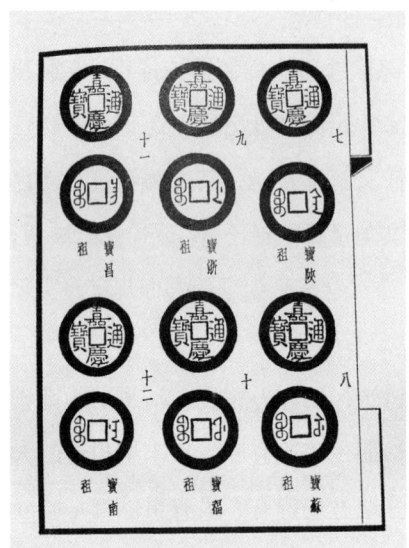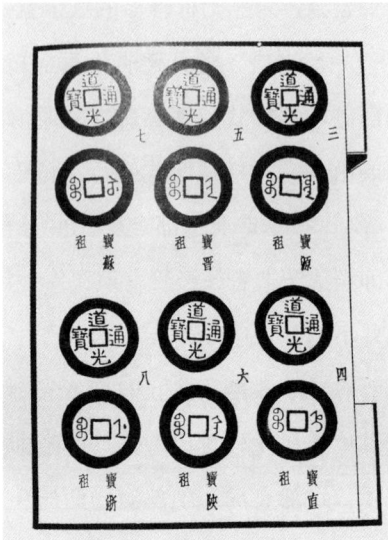

图3-7 《故宫清钱谱》中记载的成套部颁雕母钱

比如，河南省就是如此。咸丰元年（1851）改元以后，由于河南此时并未开铸，所以户部并没有给河南省制作和颁发部颁样钱。

实际开铸的各省也并未彻底执行户部的部颁标准，早期部颁样钱直径大、分量重，如果按其规格铸造，获利过少甚至亏本。部分省份仿部颁样钱铸造了少量仿部颁式钱币，并未大规模流通，实际铸造流通的都是减重以后的制钱，包括京局在内，情况都是一样，部颁标准基本成了存在于纸上的一项规定。

随着咸丰三年（1853）京局铸行当十、当五十大钱初见成效以后，朝廷将铸钱章程及钱样一并颁发，以期各地按照京局模式开铸，在大学士祁寯藻和户部侍郎王茂荫的折子里分别都有提及："再，各省局应铸大钱，前经奏明将章程及钱样颁发。"① "今大钱分两式样，甫经奏定颁行，各省大张晓谕，刊刻成书。"②

在咸丰三年（1853）十一月以前，户部已经将铸钱章程和钱样颁发给河南。这里的钱样就是指部颁样钱，这些部颁样钱文字风格大同小异，都接近宝泉局的文字风格，加工打磨工艺也是宝泉局工艺，仅仅是满文局名不同。如图3-8、图3-9所示。

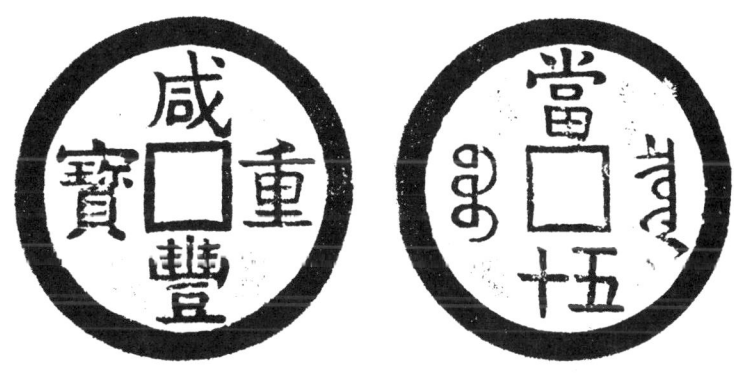

图3-8　咸丰重宝宝泉局当五十流通大钱（《咸丰钱的版式系列》第1-22-11号）

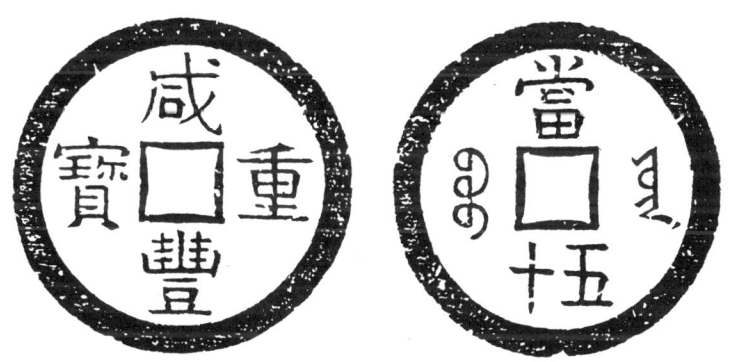

图3-9　咸丰重宝宝云局当五十部颁样钱（《咸丰泉汇》23-3-1号）

---

① 中国人民银行总行参事室金融史料组编《中国近代货币史资料》（第一辑），中华书局，1964，第208页。
② 同上书，第209页。

值得注意的是，各省包括河南并未发现有当百及以上面值大钱的部颁样钱，原因和当时朝廷中关于铸行大钱意见不统一有关。

时任户部右侍郎兼管钱法堂的王茂荫在咸丰三年（1853）十一月二十一日《论行大钱折》中有明确表述："窃查本年三月户部奏铸大钱，请定当十、当五十二种，自六月始按成搭放。……前户部请铸大钱时，亦称历代之行而辄罢，皆由折当太重，分量过于悬殊，故止铸当十、当五十两种，而犹声明以后照式，一律不准稍有偷减。"①即户部原计划仅发行当十、当五十两种大钱，并开始在咸丰三年（1853）六月开始"按成搭放"。这时期的大钱铸钱章程和钱样应仅包含当十、当五十两种。原因就是户部以王茂荫为代表的忠直大臣考虑到了虚值大钱会引起的严重后果，不愿大钱折当过重，故计划止铸当十、当五十两种。

但是到咸丰三年（1853）十一月十四日，情况发生了变化，在尝到了铸造虚值大钱的甜头以后，咸丰皇帝的五叔惠亲王绵愉等奏请推广铸造大钱，添铸当百、当五百、当千大钱。皇帝朱批："所奏是，户部速议具奏。钦此。"②咸丰帝明确表达了支持铸造更大面额大钱的意见。

当十、当五十部颁大钱在咸丰三年（1853）十一月前业已颁发各省，户部开始按照既定章程进行了鼓铸，然而后面计划添铸的当百、当五百、当千大钱，包括业已发行的当五十、当十大钱却开始准备减重，之前旧的铸钱章程关于大钱分量的部分被推翻，原有的部颁重量标准和式样不再执行，所以也就没有像之前一样的当百及以上面值大钱的部颁样钱了。

此时各开铸省份参考的应该只剩部颁标准了，河南巡抚英桂于咸丰四年（1854）七月报告："遵照部定章程，清汉文字及分两铜色次第造模，

---

① 王茂荫撰，张新旭、张成权、殷君伯点校：《王侍郎奏议》，黄山书社，1991，第 91—92 页。
② 中国人民银行总行参事室金融史料组编《中国近代货币史资料》（第一辑），中华书局，1964，第 206 页。

于七月初二日开炉试铸各种大钱。"① 可见,河南遵照的是户部重新拟定的章程,并无实物,至于铸钱所需之祖、母钱,靠的是自行造模。这也是咸丰时期各地所铸大钱各不相同、千姿百态的原因之所在。

从实物来看情况也是如此,收藏家孙鼎先生捐献给上海博物馆的钱币当中有一枚咸丰宝云局当五十部颁样钱(实物应为雕母),实际重量为68.5 克②。

这和史料中记载的清政府最初议定的当五十标准重量(一两八钱,约66.6 克)③相差极微(不到 2 克)。

户部早期颁发的大钱的部颁样钱并未得到各地积极响应,各省局基本上未按户部给出的部颁标准重量进行大量铸造,一些地方钱局仅仅是模仿部颁样钱做了一些少量流通币或者样钱,随后大规模铸行的各类大钱都是参考户部减重以后的标准来执行。

例如宝云局就是如此,仅仿造部颁当五十样钱做了一些样钱或是小批量流通钱敷衍塞责,重量也减重为 43~50 克。④ 如图 3-10 所示。

---

① 河南巡抚英桂《奏报设局铸造大钱开炉日期事》,咸丰四年闰七月十二日,中国第一历史档案馆,档号:04-01-35-1370-006。
② 上海博物馆青铜器研究部编《元明清钱币》,上海书画出版社,1994,第 585 页,第 2030 号。
③ 中国人民银行总行参事室金融史料组编《中国近代货币史资料》(第一辑),中华书局,1964,第 215—216 页。
④ 上海博物馆青铜器研究部编《元明清钱币》,上海书画出版社,1994,第 585 页,第 2031 号;齐宗佑编著:《咸丰钱的版式系列——自藏自拓咸丰钱集》,中华书局,2002,第 326 页。

图 3-10 咸丰宝云局当五十地方铸币（《咸丰钱的版式系列》第 21-1-1 号）

为阻止大钱的滥发，王茂荫在咸丰三年（1853）十一月二十一日、咸丰四年（1854）正月十二日接连上《论行大钱折》《再论加铸大钱折》，引经据典，力陈利害，试图说服咸丰皇帝：

> 今王大臣奏请添铸当百、当五百、当千三种，而当千但以重二两为率，其余以次递减。为裕筹经费起见，诚为至计，此法果行，岂非大利！顾臣考历代钱法，种类过繁，市肆必扰；折当过重，废罢尤速。……诚有监于前失而戒之也。方深戒之，何遽犯之？若当千之钱重二两，非所谓折当太重、分量过悬殊耶？①
>
> 今行当百以上三种大钱，与原行当五十大钱分两式样，无甚可辨。若恃字为辨，则此何以贵，彼何以贱，愚民莫解，恐制瞀乱，此其一难。钱本以便零用，今一钱而当五百、当千，窃恐以易市物，难以分析；以易制钱，莫与兑换，此其二难。大钱虽准交官项，然现在准以五成

---

① 王茂荫撰，张新旭、张成权、殷君伯点校：《王侍郎奏议》，黄山书社，1991，第 91—92 页。

搭交者,有官有宝钞,再加大钱,何能并搭?此其三。①

论者又谓:"国家定制,当百则百,当千则千,谁敢有违?"是诚然矣。然官能定钱之值,而不能限物之值。钱当千,民不敢以为百;物值百,民不难以为千。②

王茂荫对于滥发大钱的严重后果有着较为深刻的认识,他在奏折中说明了朴素的货币运行规律,提出货币的实际购买力是不能以政府的强制力进行实现的,同时他对滥发大钱后的市场心理反应也做了充分准确的预计,可以说处处说到了要害。

但对于焦头烂额、千方百计想要增加收入的咸丰帝而言,这些建议都是在和朝廷搜刮钱财以充军费,全力以赴镇压农民起义的国策唱反调,最终导致的结果是咸丰皇帝极为不满,王茂荫受到"传旨严行申饬",同时改任兵部,失去了对财政货币问题的发言权。虚值大钱的滥发从此一发不可收拾。

但历史并没有忘记忠直的王侍郎(如图3-11),他关于货币改革的主张和较为先进的货币思想在封建士大夫阶层中显得尤为独立而深刻,使之成为马克思在《资本论》中提到的唯一一位中国人。

部颁给河南的咸丰大钱样钱目前所见实物有当十、当五十两种。宝河部颁当十钱目前所见实物有一枚雕母(现藏上海博物馆),河南民间还有一枚部颁样钱子钱。当五十目前实物见有一枚雕母,系日本回流。这两种部颁样钱的规格和样式均没有被宝河局实际采用。

存世咸丰宝河小平钱币中有一种角头通铁钱,同时实物发现有一枚同

---

① 王茂荫撰,张新旭、张成权、殷君伯点校:《王侍郎奏议》,黄山书社,1991,第98—99页。
② 同上书,第92页。

图 3-11　王茂荫侍郎画像

版铜制雕母，直径较小，推测此枚雕母应该也是部颁样钱性质，但是为翻铸铁钱而颁，颁发时间不是咸丰三年（1853），而应该是在宝河局开封炉开铸铁钱时的咸丰五年（1855）。

第四节　咸丰宝河局的进呈样钱研究

进呈样钱是清代钱币样钱当中留存在民间最少的一种，由于所见实物很少，所以钱币界之前对于这种样钱的概念比较含糊。

一般认为，由京局或者地方钱局制作，上呈皇帝或者户部的样品钱币叫作进呈样钱。这种钱币既包含翻砂钱币，也包含晚清时出现的机制币。在清代奏折、档案中有时也称这种钱币为"钱样"，本节讨论的是其中的铜制翻砂铸币。

《清朝文献通考》载："每遇更定钱制，例先将钱式进呈。"① 这种改元之时进呈样钱现象在中国第一历史档案馆保留的奏折中有体现，例如：嘉庆元年（1796），江西巡抚陈淮《奏报开炉鼓铸事宜并将铸出钱样咨送军机处事》；嘉庆元年（1796），浙江巡抚吉庆《奏报遵旨开炉鼓铸并敬呈铸出样钱事》。

同时，在钱局设立开铸之时也会有进呈样钱的现象，例如：乾隆三年（1738），江西巡抚丘潜《题为江省开铸兴工日期并呈送样钱事》。

除改元、开炉时地方会进呈样钱以外，还有作为备查目的而进呈之样钱，《制钱通考》记载了部分嘉庆时期上谕关于进呈样钱的规定："谕旨，从前各省局铸钱文，局员等任听舞弊，偷减斤两，多掺铅锡，以致质地脆薄、减小、模糊。今开炉鼓铸新钱，自应按照部颁式样铜六、铅四配铸，方可肃清圜法。该局所进新钱，系属进呈钱样，自当合式。但恐各卯铸出钱文不能如进呈钱式一律圆整，又有偷减轻小之弊。嗣后除进呈样钱外，于每年十二月仍将所铸新钱封十文，十封印前送交军机处查核。"② 这种备查或

---

① 戴衢亨等编《清朝文献通考》，浙江古籍出版社，2000年影印本，第998页。
② ［清］唐与昆纂辑、严宏点校：《制钱通考》，中央民族大学出版社，1994，第134页。

者抽检性质的钱币广义上来说也应属于进呈样钱。

咸丰四年（1854）正月十二日，大钱减重并添铸当百、当五百、当千大钱以后，时任户部侍郎灵桂就专折呈送减重大钱式样："除当五大钱由工局铸造样钱呈进外，其改铸当十、当五十，并加铸当百、当五百、当千五项大钱，臣等当即督饬宝泉局监督，遵照奏准分两铸造样式。兹据该监督如式铸就，呈送前来。谨将各项式样祖钱、母钱及行使制钱各一枚，恭呈御览。"①

当年二月十五日，户部尚书孙瑞珍专折再呈大钱式样："本年正月十二日，臣等业将各项大钱式样恭进，嗣由臣祁寯藻面奉谕旨：各项样钱字画仍须深直，钱地仍须深平等因。钦此。臣等遵即饬宝泉局监督，令工匠如式造就。谨将当十、当五十、当百、当五百、当千五项样钱各一枚，恭呈御览。理合附片陈明谨奏。"②

咸丰帝朱批："知道了。钱样留中。嗣后铸钱均照此次祖钱式样随时稽查，不准草率。字画深直，虽行使年久，断不致模糊，况每一枚亦觉略有节减。"③

这些情况印证了《清朝文献通考》的记载，并表明了特殊时期进呈的样钱可能为皇帝所御览；如果皇帝不够满意，还要重新铸造并进呈。进呈的样钱品种铸造等级囊括祖钱、母钱、子钱。具体到咸丰时期，进呈样钱的材质还包括铁钱、铅钱。

咸丰四年（1854）十二月初九日，河南巡抚英桂在奏折中称："窃照豫省遵旨铸造大钱，于本年七月初二日设炉试铸，业将开炉日期、委员衔名、并呈铸出样钱。"④

---

① 中国人民银行总行参事室金融史料组编《中国近代货币史资料》（第一辑），中华书局，1964，第216—217页。
② 同上书，第218—219页。
③ 同上书，第219页。
④ 河南巡抚英桂《奏报筹议设局鼓铸大钱章程事》，咸丰四年十二月初九日，中国第一历史档案馆，档号：04-01-35-1370-025。

此份奏折后面有皇帝朱批:"知道了。"户部批文:"户部知道。"

这里说到的"并呈铸出样钱",指的就是进呈给咸丰皇帝和户部的进呈样钱,也就是今天留存在故宫,为《故宫清钱谱》所记载的宝河局进呈样钱,一共五等面值,包含当十、当五十、当百、当五百、当千。

此类样钱都不参与流通,存世量也是非常小的。根据《故宫清钱谱》所记载的资料看,不少进呈样钱和普通钱的版式、直径都是一致的,说明是从普通批次中精挑出来的优等品。

目前所知道的标准的进呈样钱绝大部分是故宫所藏的。边道和钱面垂直,面、背、边道类似镜面加工,边加工成直边,耗时耗工,工艺精美,和普通钱的打磨工艺完全不同。

本节关于宝河局进呈样钱的分析是以存世的当百进呈样钱为例进行讨论。

一、样钱之一

第一枚:孙仲汇先生旧藏。嘉德 2011 年春拍拍品。如图 3-12 所示。

图 3-12 咸丰元宝宝河当百进呈样钱

第二枚：陈鸿禧先生旧藏。如图 3-13 所示。

图 3-13　咸丰元宝宝河当百进呈样钱

这两枚样钱有两个很特殊的现象：

第一，版式完全相同（可以通过 PS 工具重合看出）。

第二，钱的正面左下都有一个弧形铸造痕迹。这个痕迹是随机产生的铸造缺陷的可能性不存在，因为随机形成的缺陷不可能完全雷同。最有可能的是由母钱身上"遗传"而来。不排除是人为刻意做的记号。

弧形铸造痕迹见图 3-14 所示。

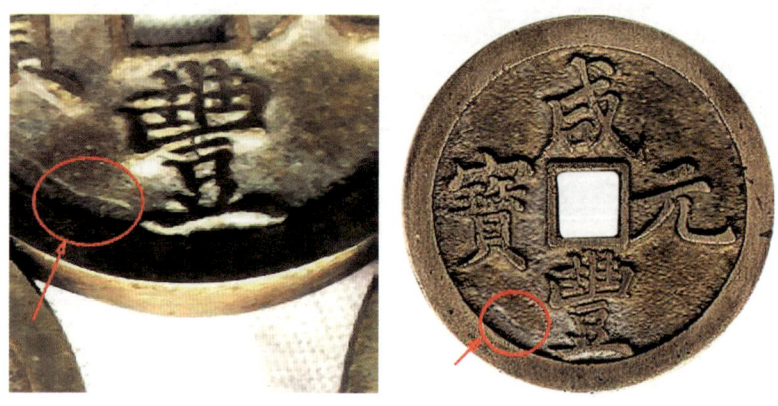

图 3-14　两枚进呈样钱痕迹对比

很巧的是，在多年收集宝河局大钱的过程当中，笔者陆续发现了和宝河局进呈样钱版式相同、有相同弧形铸造痕迹、尺寸规格高度相似的宝河局流通钱币。而且数量不少，且多发现在河南境内。以下是这些流通钱的图片。分别见图3-15、图3-16、图3-17。

图3-15　咸丰元宝宝河当百流通钱（一）

图3-16　咸丰元宝宝河当百流通钱（二）

图 3-17　咸丰元宝宝河当百流通钱（三）

　　这些流通钱和之前举的进呈样钱例子，应该是同一母钱所铸，否则解释不了为什么都是同版，而且在相同位置有相同的铸造痕迹。

　　这一类带有弧形铸造痕迹的流通钱铸造、打磨的工艺和普通宝河大钱完全一致，没有什么区别，数量也不算太少，但是普遍铸造精美，精美品的出现概率高于其他版式的宝河当百钱。

　　笔者通过以上大胆推测，这个版式的宝河当百大钱是早期初铸的标准产品，和目前所发现的进呈样钱是同一母钱所铸。唯一不同的是，"进呈样钱"比它的河南兄弟更幸运，它们通过筛选，被送到北京，并经过专门的打磨加工，成为血统高贵的"进呈样钱"，从而深藏不露。

二、样钱之二

　　在 2011 年的瀚海春拍中，出现了一对宝河当五十、当百钱，见图 3-18，系海外回流，通过上手仔细查看，这对宝河钱书法精美，是典型的周书。铸造精整，打磨精细，有明显的冷加工痕迹，局部仍保持有铜光，保存良好，气质一望即可知不凡。应该是进呈样钱无疑。

上篇　咸丰宝河局钱币理论研究

图 3-18　咸丰元宝宝河当五十、当百进呈样钱

这个样钱揭示了一个现象，即同一省局的进呈样钱可能有多种（套），并且可能是由不同母钱翻铸出来的。

但没有例外的是，它们的二次加工都是用固定的加工工艺完成的。应该不是地方钱局的工匠所为，而是由京局的工匠进行的。这些工匠估计还加工了一些特殊性质的其他钱币（如宫钱等），因为在部分宫钱身上也能找到这样的加工方式。

同时需要补充的是，目前能确认的宝河当百进呈样钱极少，从普通流通钱中找进呈样钱的希望估计比较渺茫。目前所见进呈样钱存世数量大致为：宝河当五十 2 枚，宝河当百 3 枚，宝河当五百 3—4 枚，宝河当千 4 枚左右。

　　咸丰宝河当百也有其他版式的极美品相钱币，但都不是进呈样钱。最主要的区别还是在加工工艺上。这也是进呈样钱和普通流通钱最大的区别。

　　还需要特别说明一下，镜面打磨工艺或类镜面打磨工艺在极少数流通币和民俗花钱上也有存在，可能是后人为了美观而刻意加工，和进呈样钱的打磨流程、意义不同。

第五节　咸丰宝河局的尔宝试铸大钱系列

一般所见咸丰宝河局钱币文字当中"宝"字均从"缶",但是有一种存世特别稀少、文字修长、"宝"字从"尔"的尔宝钱币,因为发现的极少,书谱中对于这一系列的钱币介绍得就更少,所以长期不为人所知。河南本地很多泉友也只是听说过这种钱的存在,并没有见到过实物。

实际上,这种钱不仅存在,而且还成系列。从目前所见到的实物看,有当千、当五百、当百、当五十四个品种。至于当十钱,则仅见拓片,未见实物。但是理论上推测尔宝当十应该也是存在的。

这种钱币之前仅在《咸丰泉汇》《中国历代货币大系》中有零星记载。《咸丰泉汇》中记载有尔宝当百铅质大钱和尔宝当五百大钱各1枚,《中国历代货币大系》记载有1枚尔宝当五十枣木雕刻大钱,是罗伯昭先生捐赠给中国历史博物馆(现中国国家博物馆)的。民国清钱收藏大家张䌹伯在他的《咸丰大钱考》当中提到:"(宝河局)当五百——有两种,一种宝字从尔,一种宝字从缶。当千——宝字从尔者未见,应亦有之。"[①]

2016年德国布威纳先生出版的《清钱编年谱》中,披露了几枚尔宝系列钱币拓片,其中有尔宝当千钱1枚,尔宝当五十钱3枚(其中的1枚是中国国家博物馆现藏的当五十枣木雕刻大钱,另2枚据《清钱编年谱》记载分别是铜质和铁质),还有尔宝当十钱1枚。

这种钱币的基本特征是:文字风格细瘦、"尔"宝,材质基本为黄铜,钱缘基本为宽缘,直径比普通流通钱要大(当百钱有细缘,当十钱仅见拓片为细缘),铸造工艺普遍不太精。

之所以判断这种钱币为试铸样钱,不光是因为其数量极少,符合试铸

---

① 张䌹伯编:《咸丰大钱考》复印本,上海银行周报社,第6页。

样钱发行量少的特点，关键还在于其成系列。故明显地可以看出，这种钱币是宝河局刻意成套铸造的，这一点就区别于其他的咸丰宝河版式钱了。这种成套试铸情况非常类似于宝苏局、宝武局、宝巩局的某些试样钱币。

对于这种钱币的铸造时间和地点，目前史料中还没有找到相关记录。

笔者推测，该系列钱币应该是宝河局试铸的早期钱币，此时的宝河局历经百年后刚刚恢复炉口，开始进行试铸，所以铸造水准工艺还很一般。也许正是铸造的水准、样式没有达到要求，被主持人员否决。随后通过其他手段改进工艺，调整设计，达到了要求以后，才开始进行大量的鼓铸，形成了目前我们常见的咸丰宝河大钱的风格。

这种现象在较早开铸大钱的福建省也是如此。福建省宝福局钱币试铸钱币品种非常多，一些试铸样钱铸造的水准并不高，甚至不如后期的普通流通钱币。如图3-19所示。

图3-19 咸丰宝福局早期试铸样钱（《咸丰泉汇》第16-4-23号［上］、16-4-5号［下］）

试铸未发行原因有多种，铸造水准不达标应该也是其中之一，这种情况在闽浙总督的奏折里也有体现："复经由司详明，催局雇集散匠，开炉赶铸。无如闽省绝少熟谙之工匠，必须赴浙雇募，远道招徕，难免迟缓。现甫陆续至闽，按炉启铸。此闽省宝福局先后停铸开铸之缘由也。"① 由奏折可见，宝福局的部分熟练工匠系从铸钱大省江浙雇用而来，若没有这些熟手，甚至会导致停铸。宝河局从铸造较为粗糙的尔宝系列大钱，跨越到能够铸造大量产出精美的缶宝系列，很有可能也借调了省外熟练工匠参与铸造。

---

① 中国人民银行总行参事室金融史料组编《中国近代货币史资料》（第一辑），中华书局，1964，第237页。

至于具体情况还有待于进一步发掘探讨。

关于尔宝系列试铸钱币的存世数量，笔者粗略进行了一下统计，大致如下。

（一）尔宝当千大钱

目前所见尔宝当千大钱实物有两枚。一枚为河南周建设先生所收藏，一枚为新加坡陈光扬先生所收藏（可能系布威纳先生的《清钱编年谱》中原物）。

（二）尔宝当五百大钱

目前所见尔宝当五百大钱实物有两枚。一枚为河北赵梓凯先生所收藏；赵梓凯先生所藏为日本回流，品相很好。一枚为新加坡陈光扬先生所收藏。

（三）尔宝当百大钱

目前所见尔宝当百大钱实物有三枚。一枚为新加坡陈光扬先生所收藏，一枚为河北赵梓凯先生所收藏，一枚为笔者收藏。

另外，《咸丰泉汇》另载有铅质尔宝当百大钱拓片一枚，实物未见。

（四）尔宝当五十大钱

目前所见尔宝当五十大钱实物有三枚。一枚为河南本地所出，后辗转为新加坡陈光扬先生所收藏（陈光扬先生所藏版式为勾咸）。一枚为河南省近年所出，版式为撇咸。中国国家博物馆藏有枣木质尔宝当五十雕刻大钱一枚，系罗伯昭先生捐赠。

另外，《清钱编年谱》另载有铜质和铁质尔宝当五十大钱拓片各一枚，实物未见。

（五）尔宝当十大钱

尔宝当十大钱目前仅见拓片，此拓片同时为布威纳先生收录到《清钱编年谱》当中，至于实物，不知道布威纳先生是否有藏。

从拓片看，尔宝当十大钱的整体文字风格与其他尔宝大钱接近，"尔"

字部分自然流畅，应该不是改刻，钱缘为窄缘。

实际上，这套尔宝钱币里还包含有小平钱币，即华光普先生《中国古钱目录》书中所谓铁范铜小平钱（实际不是铁范铜钱）。从实物看，这种小平钱文字风格和大钱很接近，铸造工艺也很类似，不甚精美。但是由于未知的原因，尔宝小平以上的钱币发行都被否决掉了，改为铸造更为精美的缶宝系列大钱，尔宝小平却保留了下来并参与流通，但是数量并不多。

另外，宝河局钱币类周书、异书版式当中也存在固定版式尔宝或者修模形成的尔宝（见本书《下篇》），但那种属于版式范畴，和本文讨论的钱币性质不同。

第六节　咸丰宝河局祖钱、母钱的形态

清代铸币采用的是翻砂工艺，这种工艺是我国古代铸币的主要方法之一。隋代以前一般是用钱范来铸造，目前一般认为到了唐代则开始启用母钱翻砂的工艺来铸造钱币，这种工艺一直持续到了清朝末年仍在大规模使用。

清代的铸币流程基本上是：雕母—母钱—子钱。每当钱局开始铸币时，首先要先取精炼的黄铜让钱局工匠手雕制成雕母（清代文献也称为祖钱），然后再以雕母翻铸若干母钱，最后再用母钱来翻铸流通用货币，称为子钱。

清代大部分时期的铸币流程大体如此，但清早期的顺治、康熙、雍正时期可能存在多种母钱状态，咸丰及以后时期的地方钱局在流程和材质上出现有多种变化，在此仅就咸丰时期宝河局祖钱和母钱的相关情况做一介绍。

一、宝河局小平母钱

宝河局小平钱有铜、铁、铅三种材质，分别是：

尔宝小平钱。这种钱过去经常被误认作铁范铜钱，其实不是。它就是普通流通制钱，稍少。目前未见母钱，《咸丰泉汇》载有这种钱的祖钱，但实物未见。

尔宝小字版小平钱。这种钱币有铜、铁两种材质，铁质的偶可见到；铜质的应为铁母，《咸丰泉汇》载有此种铁母，目前实物未见。

尔宝大字方头通小平钱。此钱有铜、铁两种材质，铁质常见，铜质为铁母。

尔宝角头通小平钱。此钱有铜、铁、铅三种材质，铁质常见；铅质有流通钱和铅质母钱，铅母仅见；铜质目前见到的是雕母，应为部颁雕母。

二、宝河局当十母钱

宝河局当十母钱有一定数量，而且加工方式也都接近。从实物看，都经过加刀修整，字根或者轮廓都进行过修整，穿口进行了打磨，以方便铸造。为什么会出现这种特殊现象呢？应该还是跟宝河局仓促开铸有关。宝河局自雍正后百余年未铸造钱币，相关的铸钱技术在短时间内不可能熟练掌握，这一情况在巡抚英桂的奏折中也提到了："自雍正九年停铸以后历年已久，器具无存，匠役人等亦无熟手。"①

如按照标准的雕母—母钱—子钱的流程规范，对于宝河局来说可能已经来不及了。作为变通之法，宝河局很有可能采用加刀的方式，生产母钱，以提高效率。加刀用的钱币，也不排除是择优选取的子钱。

三、宝河局当五十母钱

宝河局当五十母钱目前仅见一枚，从实物看，工艺类似当十母钱，字根同样进行过修整，穿口进行了打磨。

四、宝河局当百母钱

根据实物，笔者推测宝河局当百母钱应该有以下几种形态。

（一）早期母钱

这种早期母钱的文字精神自然，铸造较精，加工工艺接近京局，可能是宝河局借调熟练工匠后按照正规流程生产的早期产品。制作费工费时，所见数量很少。

（二）加刀母钱

这种母钱，和宝河局当十母钱工艺接近，经过加刀以达到翻铸要求。

---

① 河南巡抚英桂《奏报设局铸造大钱开炉日期事》，咸丰四年闰七月十二日，中国第一历史档案馆，档号：04-01-35-1370-006。

另外，从实际情况看，宝河局当百流通钱存在着大量的小变异版式。这些小版式的区别不大，往往是文字略有变化，笔画粗细略有不同，个别笔画变形走样。这种情况的产生很有可能是原有母钱经过多次翻砂，字迹有所模糊以后，工匠直接加刀修整后继续翻铸的结果。也不排除直接拿子钱加刀修穿以后充当母钱翻砂铸造，造成了文字的走样变形。

这里，我们以咸丰宝河局当百大钱实物进行说明。

下面这枚钱币版式上大体上可以划为周书，如图3-20所示，和之前我们提到的宝河当百进呈版很接近，最为明显的是钱币正面左下的半月形痕迹，这个痕迹说明此钱和进呈版有密切联系，但是此钱和进呈版相比，文字局部明显有变形，以"丰"字、"当"字最为明显，满文也经过修整。

图3-20　咸丰元宝宝河局当百大钱

这个实际现象说明，此钱极有可能是母钱翻砂过多，字口模糊以后，经过工匠清理加刀，继续翻砂产生的产物。文字因为局部加刀，所以产生了变异，但是钱币正面左下的半月形凹陷痕迹依然保留了下来。

进呈版加刀前后的版式变化对比图分别见图 3-21、图 3-22 所示。

图 3-21　母钱加刀前所铸子钱

图 3-22　母钱加刀后所铸子钱

产生这些情况的直接原因就是宝河局的铸造工艺不足及管理不善。

和现代工厂管理一样，清朝钱法对于铸钱有一套管理和监督措施，钱币翻砂、打磨得不好的都要回炉重新铸造。如果此类情况频发，相关负责人要被从严惩办。在北京和地方，户部官员和相关官员还要验收检查。

清《钦定户部则例》中就有明文规定："各处钱局事宜：各省钱局鼓铸钱文，令该督抚督率道府局员认真稽查，并令藩司于解收局钱之时按卯亲加提验，如有偷减铜觔节省火工，不能遵照部式以致参差不齐，立即发回另铸，所需火工著落局员赔补，并将局员参处、炉匠责惩，倘该督抚等并不随时稽查，使官板制钱不能如式，即将该督抚一并治罪。"①

但是现实当中尤其是混乱的咸丰时期，《钦定户部则例》并没有落到实处。

从存世实物看，宝河局大钱有两个明显特点：一是存世量大，二是铸造不精。

很多有铸造缺陷（例如文字笔画不清、流铜、铸缺等）的钱币经常可以见到，而这些都是当时通过检验实际用于流通的钱币。可想而知，宝河局当时的管理有多么粗放。

甚至从目前发现的宝河局开炉特铸吉语花钱来看，也是精粗不一，有个别可以用粗糙来形容。开炉纪念尚且如此，可想一般流通钱币的铸造质量了。

（三）其他材质母钱

宝河局还有可能采用了一些软质材料作为母钱材质翻铸子钱。例如铅锡或者木头，由于软质材料不易保存，所以现在见到的很多宝河当百变异版式一直没有发现相应的铜母，推测原因可能在于此。咸丰钱币中不少试铸性质或权宜采用的应该就是软质材料。

这种软质母钱或者范母的现象，在《咸丰泉汇》中也有记载："昔时，戴葆庭、戴葆湘昆仲曾得一似石榴形之咸丰木雕钱范，木甚坚实，据云乃枣木。正反两面均作反雕之阴文。正面为楷书'咸丰元宝'四字，字文甚佳，似与一般宝陕大钱一手所书。背面穿上为并列之满文'宝陕'，穿下为并列之楷书'当百'，穿左右两侧分别为篆书'甲寅四年'及隶书'宝陕局造'。笔者曾在戴氏处见此蜡墨拓本。咸丰木雕母已少，更不用说范母了。

---

① 户部尚书董恂等《钦定户部则例》卷三十四《钱法·各处钱局事宜》，同治十三年校刊。

一钱而兼正、隶、篆三体，更奇。物必不假，视拓便知。该范先归张䌹伯，复归陈仁涛。张䌹伯《咸丰大钱考》一文中，曾谈及此种奇品。"①

张䌹伯在《咸丰大钱考》中的记载如下："余又得一品，背上满文宝陕二字；背下当百二字并列真书；背右甲寅四年篆书，四作三；背左宝陕局造隶书，甚奇。"②张䌹伯记述的此奇品，马定祥先生也未见到实物。如果这些记载可靠的话，可以推断宝陕局曾在早期试铸时采用了特殊的铸造方式，临近的宝河局也可能同样采取了类似方式。

以上几种宝河局母钱形态可能同时存在，按照河南巡抚英桂的报告推算，如果宝河局按时足卯生产的话，理论上一年可以生产大钱数百万枚，生产任务非常艰巨。尤其到了铸造后期，正规母钱来不及制作的时候，第二种、第三种形态的母钱可能作为变通之法而被大量采用，否则不太能够解释目前见到的宝河当百流通钱变异版式繁多且没有规律的实际现象。

---

① 马定祥主编，马传德、徐渊编：《咸丰泉汇》，上海人民出版社，1994，第948页。
② 张䌹伯编：《咸丰大钱考》复印本，上海银行周报社，第6页。

第七节　咸丰宝河局大钱铸造量与利润研究

对于朝廷开铸大钱的要求，从河南巡抚英桂于咸丰四年（1854）闰七月十二日的奏折上看，河南省已经于当年七月初二日遵朝廷谕旨，开炉试铸各种大钱，并在后续进行了大量鼓铸，成为大钱的主要铸造省份之一。目前发现的宝河局大钱尤其是当百钱存世尚多，其巨大的铸造量是直接原因。

关于咸丰宝河局大钱铸造量的估算问题，前人基本没有做过系统性研究，仅在德国钱币学家布威纳先生的著作《清钱编年谱》中的咸丰宝河局部分提到了几个数字："The 10 furnaces cast per mao a total of 41,000 pieces of 100-cash, 36,200 pieces of 50-cash, and 29,000 pieces of 10-cash; a total of 6,200 strings of 1-cash equivalent。"[①]（意为："这10炉每卯可铸当百大钱41000个，当五十大钱36200个，当十大钱29000个。合计相当于6200串小平制钱。"）

布威纳先生提到的这些数字来源于中国第一历史档案馆所藏河南巡抚报告之宝河局章程奏折的附件部分，但是他并未引述原文，现将查阅到的原件部分内容罗列于下。

咸丰四年（1854）十二月初九日河南巡抚英桂的筹议设局鼓铸大钱章程奏折报告中提到了详细的数据："每七日为一卯，每月除修理炉座，扣除小建定为四卯，如铜斤不至缺乏，通年合计可得四十八卯，遇闰之年再加四卯。""应定以每卯十炉，正铸铜七千五百斤，系废铜照七五折申算，合净铜五千六百二十五斤，铸成当百大钱三万四千枚，当五十大钱二万八千枚，当十大钱二万枚，合制钱五千千文。每卯附铸外耗铜一千九百六十六斤十两零，系废铜照七五折申算，合净铜一千四百七十五斤，

---

① 布威纳：《清钱编年谱》，香港大学美术博物馆，2016。

铸成当百大钱七千枚，当五十大钱八千二百枚，当十大钱九千枚，合制钱一千二百千文。"①

附铸钱币是用于支付工匠工料杂费的，最后也会参与流通。

笔者根据河南巡抚英桂奏折中这些数据进行了演算，宝河局每卯可以铸造当百大钱数量：34000+7000=41000个。当五十大钱数量：28000+8200=36200个。当十大钱数量：20000+9000=29000个。换算成小平制钱的数量是：41000×100+36200×50+29000×10=6200000个。以1000文为一串计算，合小平制钱6200串。

这个数值与英桂报告中的数字，还有布威纳先生在《清钱编年谱》里面的计算结果是一致的。换算到每个月四卯，则每月宝河局可以铸造当百大钱164000枚，当五十大钱144800枚，当十大钱116000枚。

在英桂向朝廷报告宝河局章程的时候，如果收买废铜一直在正常进行，准卯进行铸造的话，从七月初开始试铸到十二月初英桂报告章程时止，五个多月时间里面，宝河局理论上应已铸出当百大钱80余万枚，当五十大钱70余万枚，当十大钱近60万枚。虽然据英桂的报告说："收买废铜有时而尽，设有不继，停炉以待殊多掣肘。"有时由于铜料紧缺问题可能没有足卯铸造，但大体应该正常，而且宝河局大钱的铸造在英桂报告朝廷以后仍然在继续，一直到咸丰五年（1855）五月，宝河局大钱才完全停铸。

所以，各式大钱的实际铸造数量和比例虽然不可考，但是总体数量应该是百万枚级别。

至于河南省因开铸大钱每年增加的财政收入数目，以下作初步考证。

据咸丰四年（1854）十二月初九日河南巡抚英桂奏折中报告的情况来看："工价。按照钱之大小分别付给，当十钱一枚给各项工价钱三文八毫，

---

① 河南巡抚英桂《奏报筹议设局鼓铸大钱章程事》，咸丰四年十二月初九日，中国第一历史档案馆，档号：04-01-35-1370-025。

当五十钱一枚给各项工价钱六文三毫,当百钱一枚给各项工价钱十文二毫,每卯共应工价钱七百五十七千文。料价。每炉每卯煤价钱二十千五百文,罐子价钱五千四百六十文,沙价钱二千九十文,提硝价钱九百文,串绳价钱三百二十文,炭价钱三百二十文,运脚钱二百文。每卯十炉共应料价钱二百九十六千九百五十文。"①从中可知每卯工价757000文,每卯料价296950文。

每卯用铜数量的情况如下:"应定以每卯十炉,正铸铜七千五百斤,系废铜照七五折申算,合净铜五千六百二十五斤……每卯附铸外耗铜一千九百六十六斤十两零,系废铜照七五折申算,合净铜一千四百七十五斤。"②

每卯用废铜数量约为:7500+1966=9466斤。

废铜(黄铜)收购均价按照每斤260文均价计算。("按照市价,生黄铜每斤合钱二百二十文,熟黄铜每斤合钱三百文。"③)

每卯铜价:9466×260=2461160文。

之前提到,如果足卯铸造大钱,则每卯铸出的大钱合制钱共6200000文。

每卯净利=每卯大钱折合制钱数-每卯工价-每卯料价-每卯铜价,为:6200000-757000-296950-2461160=2684890文,约合白银1678两(银钱价比当时约为1∶1600,按咸丰四年[1854]闰七月十二日河南巡抚英桂报告计算)。

一年如果足额造48卯,那么合计利润约为80500两。

这8万多两银子确实能够为河南接近枯竭的财政增加一些收入,以缓

---

① 中国人民银行总行参事室金融史料组编《中国近代货币史资料》(第一辑),中华书局,1964,第240页。
② 同上书,第239—240页。
③ 河南巡抚英桂《奏报设局铸造大钱开炉日期事》,咸丰四年闰七月十二日,中国第一历史档案馆,档号:04-01-35-1370-006。

解燃眉之急。据倪玉平教授统计，咸丰四年（1854）河南全省一年地丁钱粮实际征收额仅为639029两。①

当然，这8万多两银子的利润只是理论值，实际可能更高。

从目前宝河局大钱存世量来看，当百大钱的存世数量远多于当五十、当十钱。从钱币版式上看，当百大钱的版式也远超当五十、当十钱。

故此推测宝河局大钱实际的铸造并没有像英桂奏折中所说，当百、当五十、当十铸造比例约为8∶7∶6。当百钱的实际铸造量应远远多于当五十、当十钱。

巡抚英桂奏折中说到，当百钱枚重1两4钱，当五十钱枚重1两2钱，当十钱枚重4钱4分，小平钱经过测量实物大约枚重1钱。如果按面值计算，当百钱的虚值比例最高，铸一枚当百文大钱，理论上所获利润是80文钱。多发行当百大钱，宝河局的获利只会更大。这和现实观察到的存世咸丰宝河局大钱中当百钱比例远高于其他面值大钱的情况非常一致。

之所以出现这种地方大员奏折情况和实际观察情况严重不符的现象，则是清末军兴以来，中央政府对地方政府控制力不断下降导致的。

例如，咸丰三年（1853）十二月十二日，咸丰皇帝曾在上谕中提到："户部奏、军饷紧要、请饬河南省迅速拨银、解往安徽、以济急需……乃竟以无款可筹覆奏……现据户部查明、该省丁耗各款。除支销外。尚应徵存银一百数十万两。本年核减养廉。亦可提扣银十万余两。此外清查追补等项。约计亦复不少。"②

从这份上谕中可以看到，英桂先前面对户部命其迅速拨银支援安徽的要求，竟以无款可筹回复，这在清中前期是不可想象的事情。

可想而知，户部对于这种敷衍回复极为不满。因此，在上谕中，皇帝

---

① 倪玉平：《从国家财政到财政国家——清朝咸同年间的财政与社会》，科学出版社，2017，第109页。
② 《大清文宗显皇帝实录》卷一一五。咸丰三年十二月壬午。

和户部拿朝廷掌握的数据进行了再次追问。并且，很具体地提到了各项结余银两数量。

英桂在第二年三月的奏折里将河南前两任藩司关于地丁正耗银、扣文武官员养廉银及清查追补的收支详细情况一一汇报，得出的最终结论是：河南藩库确实没银子了。①当然，在奏折结尾他没有忘记向朝廷表达自己"竭尽血诚，多方筹划"的筹款决心和河南真难的委屈。

户部对此解释也无可奈何，最后只得批写四字："户部知道。"

由此而知，此时的朝廷对于地方财政收支详细情况已经不能完全掌握。实际上，对于地方新增的财政收入，除保证京饷等之外，朝廷也不得不采取了默许的态度。

所以，河南地方在开铸用以敛财的虚值大钱时候，是不会一五一十地将实情和盘托出的。在报告中将敛财较少，或者起不到敛财作用的当十、当五十大钱铸造比例虚报，这样一来开铸大钱的总体利润从账面上看就减少了很多，这是清末河南地方与中央对于财政控制权的博弈手段之一。

当然，仅仅靠铸造大钱来筹措资金是远远不够的。河南省实际上还采取了发行官钱票和抽取厘金等手段，这种种名目吸干了河南的财力，河南省多灾多难的近代史也随之开始。

---

① 河南巡抚英桂《奏报藩库收支数目并无亏短折》，咸丰四年三月二十七日，中国第一历史档案馆，档号：04-01-35-0819-048。

第四章
咸丰宝河局铸币之影响

第一节　咸丰宝河局大钱的停铸

咸丰三年（1853）十一月之前铸行的当十、当五十大钱，由于分量较足，折当适中，初期的行使还算顺利。据当年九月份户部尚书孙瑞珍、工部尚书翁心存在会折里说："臣部前于五月内铸当十大钱，搭放数月，民间称便。"①

但是随着后来超大面值钱币的开铸及各式大钱分两的减重，和之前户部右侍郎王茂荫预计的一样，由于违背了基本的货币运行规律，自然遭到了兵丁商民的拒用或者折扣使用。

首当其冲的就是当千、当五百大钱。以北京为例，咸丰四年（1854）六月左右这两项大钱就不能畅行。

"现在当千、当五百大钱不能畅行，当千者折算七八百文，当五百者折算三四百文。"②

"近闻此二项（当千、当五百）大钱，商民多不愿使用，皆以其折当过甚。"③

到了闰七月，当百也开始流通不畅。

---

① 中国人民银行总行参事室金融史料组编《中国近代货币史资料》（第一辑），中华书局，1964，第215页。
② 同上书，第263页。
③ 同上书，第265页。

"窃自当百以下大钱奉旨遵行以来,其当十、当五者现已畅行无阻,当五十者次之;唯当百一项,城乡交易,或任意折算,或径行不用。"①

到了十月,当五十、当百大钱已经不能正常行使。

"彼时当百、当五十大钱颇属流通,今亦壅滞。"②

"窃照前因当百、当五十大钱行使壅滞,经王大臣等议准配搭章程,意至善也。乃自奉行以来,壅滞情形较前滋甚。"③

同时,融化铜器或者小钱进行私铸大钱的情况也屡禁不止,给市面流通带来极大困扰。

河南情况也是如此,在咸丰四年(1854)七月开铸各项大钱以后,至迟到十二月,当千、当五百大钱已经不能行用,巡抚英桂奏请停铸:"原铸当千、当五百大钱行用实多未便,且易启私铸之渐,应请停止。"④在同一份奏折中,他提到了宝河局铸行的当百、当五十、当十大钱在省城已经通行无滞,外府州县也渐次通行的情况。

但是到了咸丰五年(1855)春天以后,情况大变,周士键(周尔墉二子)在给河南布政使瑛棨的信中说道:"汴中大钱,去冬通行极利,正月中,忽以私铸充斥,顿然阻滞。莲友兄百方设措,至今仍未流通。此事若竟窒碍,实在可惜可恨!"⑤

郑敦谨在给瑛棨的信中也提到:"且去冬大钱业已畅行,今春忽形壅滞。"⑥

---

① 中国人民银行总行参事室金融史料组编《中国近代货币史资料》(第一辑),中华书局,1964,第267页。
② 同上书,第271页。
③ 同上书,第270页。
④ 河南巡抚英桂《奏报筹议设局鼓铸大钱章程事》,咸丰四年十二月初九日,中国第一历史档案馆,档号:04-01-35-1370-025。
⑤ 中国史学会主编《捻军》卷五《瑛兰坡藏名人尺牍》,上海人民出版社,1957,第184页。
⑥ 同上书,第89页。

可见咸丰五年（1855）的春天以后，宝河局大钱的流通已经十分困难。

至于其中当百、当五十大钱的停铸时间，应在咸丰五年（1855）的正月到三月之间，在时人查璨于当年三月初给瑛棨的信中曾说道："中丞札令钱局止铸大钱当十一种。"①因为当百、当五十大钱壅滞难行，所以时任河南巡抚英桂奏报停铸此两项大钱，专铸当十。查璨的信是三月初七日写给瑛棨的，故此可以推算当百、当五十大钱的停铸时间就是咸丰五年（1855）三月之前。

随后的五月份，当十钱也停铸。整个宝河局的大钱从开铸到渐次停铸历时约11个月（咸丰四年［1854］为闰年，多一个月）。

至于当百、当五十大钱壅滞不行的原因，在当时的官员记录里，多归结为私铸盛行，劣币驱逐良币，导致官钱无法流通。

例如历任河南布政使、巡抚的郑敦谨就说："（大钱行用壅滞）推原其故，实因私铸太多，而小店以贱价收买私钱，复以贱价急于求售，以致大店心怀疑畏，恐无制钱以应兑换之大钱。两月以来，钱店皆为闭户。现在设法流通，迄无定议。"②

郑敦谨的这种说法值得推敲。因为如果要进行大规模的私铸并导致官钱无法流通，私铸者要面对官方铸币机构宝河局遇到的同样问题：铜料、煤炭来源和熟练工匠等。

河南巡抚英桂报告宝河局开铸大钱时就称"收买废铜，有时而尽"，官方收买铜原料都不太容易，民间收买同样不会容易。同时，大量鼓铸铜钱所需的燃料也不在少数，也不会轻易获得。熟练工匠更是大量铸造的瓶颈因素，不是短时间就能寻觅和培养的。

大钱行用壅滞的根本原因在于它违背了基本的货币运行规律。即使铸

---

① 中国史学会主编《捻军》卷五《瑛兰坡藏名人尺牍》，上海人民出版社，1957，第161页。

② 同上书，第89—90页。

造得再精美，也掩饰不了是虚值大钱的事实。京局所铸当千、当五百大钱制作就很精美，但是也很快就遭到市面拒用而退出流通，就是这个原因。

人性喜新，刚开始政府强制搭放推行时，尚还能流通；一旦推而广之，政府支放开销用钱，征纳钱粮则用银，且不能自由兑换，当民众看清了大钱铸行的真实面目以后，其遭到抵制唾弃是迟早的事情。

但是作为货币政策的制定和执行者不会承认政策有问题，在他们看来，问题一定是出在奸商刁民身上。这种不从自身找原因，反而推卸责任，官官相护的风气，在晚清官场实在是稀松平常。

例如，和河南省一样发行了当千、当五百等大面值钱币的甘肃省，情况就是如此。曾任甘肃、陕西、河南等多地布政使的张集馨在自编年谱《道咸宦海见闻录》中就很明确地提到："大钱不行，由于官不肯收，自己看得不重，而欲民间宝贵，无是理也。……（甘肃）州县收纳钱粮，不收大钱，及有解款到司，乃于省城现买。首府落地税，虽不解司，亦复只收制钱，不搭大钱，司中原可不依，无奈署首府章桂文，与彭幕亲戚，制台私人，断不能诘责，上干宪怒。外属见省会府县且然，更不收纳大钱，是以物价渐昂，而大钱壅滞。"①这里提到的"彭幕"是陕甘总督乐斌的师爷彭沛霖，乐斌大字不识几个，按照张集馨的说法，离开了彭师爷，乐总督"便如水母，寸步难行"。兰州知府章桂文、师爷彭沛霖都是总督乐斌的核心利益集团成员，他们利用收银拒钱手段中饱私囊，导致民间大钱随之贬值乃至不能流通。百姓的财富就这样被巧取豪夺。

张集馨曾亲受道光皇帝召见并特简外放，但久在官场而仕途不顺，曾屡任按察使、布政使职，甚至护理巡抚，但是始终未登封疆大吏，并三次被革职。因此心中郁结，他在著作中对时事真相有大量细致入微的揭露，

---

① 张集馨撰，杜春和、张秀清整理：《道咸宦海见闻录》，中华书局，1981，第203—205页。

所描述的晚清吏治腐败现象非常可靠。

这一时期天子脚下京城的情况也是如此，咸丰八年（1858）张集馨在北京居住时写道："崇文门收税，仍是纹银，不收当十及铁小钱，亦不收银钞。赴部交纳银两，俱收实银，不收搭成银钞。自不宝贵，民间更轻视之。"①崇文门税关是京师的税收总机关，京师尚且如此，更不用提其他地方了。

曾任兵部右侍郎的戴熙在写给张集馨的信中更是明确指出："流水之源，自上而下。其机括不在放而在收，收之数不多，则放之途不广；官铸之式不精，则私铸之弊不绝。夫大钱非不能行也，其不能行者，官格之也。不能行于官，而欲行于民乎？不能取信于官，而欲取信于民乎？今之论者，动曰奸商阻挠。夫使人人皆以为便，则奸商之权自绌矣，虽欲挠之，焉得而挠之？"②

《清史稿》中也记载了这种现象："英桂奏：'交纳钱粮半银半钱之制，而官取民仍以银，每钱二千作银一两，耗银无出。请于应入拨之地丁，准搭官票，不入拨之耗羡，仍征实银。'部臣以办法两歧，请依原章，正杂钱粮，一体搭交官票。然地方官吏仍收实银，而以贱值之票交纳藩库，帝令严禁。"③在咸丰时期同样是不能自由兑换白银的官票问题上，河南巡抚想要在征收钱粮时搞区别对待，不入拨之耗羡，只征收实银，不搭官票，但是被户部驳回。但地方上仍旧置若罔闻，征实银而缴虚钞。虽然《清史稿》这里说的是官票的情况，但是大钱的情况也应该类此。

同时，宝河局低下的铸造水准和粗放的品质管理也是原因之一。大量开铸以后，宝河局大钱尤其是大量铸造的当百大钱上出现流铜、漏铸、移

---

① 张集馨撰，杜春和、张秀清整理：《道咸宦海见闻录》，中华书局，1981，第251页。
② 同上书，第430页。
③ 赵尔巽等：《清史稿》卷一二一·志第九六·食货二，吉林人民出版社，1995，第2423页。

范等铸造问题比比皆是,厚度重量也不统一。这样铸造粗劣的钱币流通于市场后,必然导致官私难辨,钱店自然心存疑畏。郑敦谨在信中所描述的现象应该是真实的,但是没有说对原因。

而在河南开铸大钱高潮的咸丰四年(1854)年底,巡抚英桂还按照惯例上奏了《奏报查明各属无私铸及行使小钱事》折子①,这种例行的官样文章自然是没有什么可信度了。

---

① 河南巡抚英桂《奏报查明各属无私铸及行使小钱事》,咸丰四年十二月十五日,中国第一历史档案馆,档号:04-01-35-1370-27。

第二节　咸丰宝河局铁钱铸造情况

清政府在开铸大钱的同时，也开始试铸其他廉价材质的钱币，例如铁钱和铅钱。但是从中国历史上来看，以铁作为铸币材料，除宋朝外，并未大规模采用，清朝在咸丰之前更是从来没有。因此，清政府在开铸之前，先行做了试铸。

咸丰四年（1854）二月，咸丰谕旨："著派惠亲王、恭亲王奕䜣、定郡王载铨，率同左副都御史文彩、布政使衔候补盐运使崇纶、户部郎中熙麟，试铸铁钱一炉，如一个月铸成有效，再行奏明办理。"此炉铁钱于二月初七日开铸，经过五天的反复调试和改进，"于十二日再行试铸，居然轮廓完好，颇可通行。经臣等于二月十五日，将铸成钱枝，连沙模，一并恭呈御览在案"。① 随后，惠亲王绵愉等申请开捐铸铁钱并得到皇帝批准，京局铸造的铁钱开始大量面世。

和铁钱一样，咸丰四年（1854）六月，大学士、管理户部事务的祁寯藻试铸铅钱成功，并申请大量铸行，也得到了咸丰帝的批准。

据户部报告，在铸行铁钱的高峰期，仅户部宝泉局铁钱局就设炉125炉，每月正额265625串。

地方上也纷纷效仿开铸铁钱，其中尤以直隶、河南、山西、福建四省数量为多。咸丰四年（1854）十一月初九日，河东河道总督长臻上折建议在河南之黄河以北地区开铸铁钱，以资河工。于是河南开归、河北两道于河北地方雇匠试铸铁钱，并建炉一座。② 这个时期铸造的铁钱似乎就是楷书小字版的铁钱，文字清秀，数量稀少，铸造时间应该也不太长。（见本书

---

① 中国人民银行总行参事室金融史料组编《中国近代货币史资料》（第一辑），中华书局，1964，第221页。
② 同上书，第249页。

第119—120页，编号 BH-1-07—BH-1-10）

同年十二月十七日，英桂在奏折中提到："在河南怀庆之河内县购铁开炉，先行试办。"①

咸丰六年（1856）七月十七日的奏折中则再称："查照怀来府现办章程，在省城新建宝河钱局改铸铁制钱，于五年十一月二十五日开炉试铸，已有成效，凡民完纳钱粮、捐输、赎当、大小买卖，均准搭用二成。"②

河南的铁钱办理应该颇有成效，临近的陕西布政使司徒照曾向河南布政使瑛棨打听铸铁钱的详情，想作为参考："闻贵省现铸铁钱，工本约需若干？能否行使？近来生财无策，但使各省畅行铁钱，亦裕国之一道也。"③

但是关于宝河局开封、怀庆两个地区铸造铁钱的详细情况，朝廷却一直不甚清楚，咸丰七年（1857）五月二十九日，户部奏："河南省鼓铸铁钱章程、请饬报部核办等语。河南怀庆府属。试铸铁钱。已越两年。未据该抚将章程咨报到部。该处毗连山西。铁斤易于采办。若能添炉加铸铁制钱。由卫河船运到京，尚为便捷。惟未据将章程咨报，该部无从核定。着英桂即饬局员。将每月现铸钱文若干，除工本外，计获余息若干，并运京需费若干，详查报部，以凭核办。至该省省城钱局，改铸铁制钱，现在如何办理，着一并查明咨覆。毋再延迟。"④

然而，河南巡抚和布政使似乎并未理会户部的要求。据户部尚书花沙纳称，对于户部一再询问的宝河局铁钱开铸具体情况及在河南境内滇铜运京情形，"经七次奏咨飞催，该抚等竟无片纸只字回复"⑤。

---

① 中国人民银行总行参事室金融史料组编《中国近代货币史资料》（第一辑），中华书局，1964，第249页。
② 同上。
③ 中国史学会主编《捻军》卷五《瑛兰坡藏名人尺牍》，上海人民出版社，1957，第123页。
④《大清文宗显皇帝实录》卷二二六，咸丰七年五月已卯。
⑤ 吏部尚书花沙纳等《奏为河南鼓铸铁钱未报部立案请将巡抚藩司议处事》，咸丰七年十一月初九日，中国第一历史档案馆，档号：04-01-35-1371-009。

五个月以后，十一月初九，经户部奏请，以吏部尚书领衔，上折咸丰皇帝参奏河南巡抚英桂和布政使瑛棨"实属任意延玩，英桂现在带兵出省，藩司瑛棨所司何事？"吏部拟："请将河南布政使瑛棨照任意耽延降一级调用例，降一级调用；巡抚英桂于布政使瑛棨降一级调用上，分别议以降一级留任。"咸丰皇帝朱批："瑛棨着改为降二级留任，不准抵销；英桂着准其抵销。"①

至于后来英桂和瑛棨是否汇报河南省铸造铁钱的章程明细，现未查到。收集清代档案资料最为丰富的《清钱编年谱》也没有发现关于宝河局铁钱铸造数量的证据，只是给出了一个估计数字。

据此，可以看到一个现象：自咸丰时期清政府镇压农民起义以来，实际上的财权，已经由全部为中央控制变为部分已下放到地方，地方上的许多财政收入和财政支出不为中央政府所知或知之不详。

在此之前，清政府实行的是中央高度集权的财政管理体制，只有中央财政而无地方财政，中央政府对于全国财政收入了如指掌。地方财政留存款项须户部批准才可动拨，留存之外的所有款项，均由户部直接控制。

由于战事的吃紧，为了尽快镇压平息起义，之前为清政府牢牢控制的军权、财权、事权均可下放。随着中央政府权威下降，地方督抚权力不断增加，原本直接向户部汇报的各省藩司，地位也逐渐沦落为督抚属员，中央政府对于财政的控制力也就相应削弱。而中央政府在面临财政困难的时候，必然要对地方的财政收入下手，将其搜刮进中央政府的口袋，从而引起地方和中央的财政控制权矛盾。

河南省以铁铸钱，其中具体能带来多少收益，恐怕河南的地方官员并不希望中央完全了解掌握，最终导致的结果就是主管全国财政和人事的户

---

① 吏部尚书花沙纳等《奏为河南鼓铸铁钱未报部立案请将巡抚藩司议处事》，咸丰七年十一月初九日，中国第一历史档案馆，档号：04-01-35-1371-009。

部、吏部联名参奏河南。

这是一个中央与地方关于财政权分配矛盾的典型例子。最终，两位责任人被降级处理，得以留任。主要责任人瑛棨似乎并没有因为此事影响官运，反而于咸丰九年（1859）继任河南巡抚，并在咸丰十一年（1861）转任陕西巡抚。

当中折射出的事实是，晚清的中央财政与地方财政不再是单纯的控制与被控制的关系，而转变为一种既相互依存又相互斗争的关系，朝廷的事情需要地方大员去落实，但是有时不得已又须做出严加惩戒、以儆效尤的样子，这当中体现出的权力博弈耐人寻味。

和虚值的咸丰大钱一样，铁钱的铸行也没有能维持多久。据咸丰九年（1859）二月十五日河南巡抚恒福奏折中载："原在省城设立四炉，怀局设立二十炉，因鼓铸日增，渐形壅滞。怀局已由二十炉减为八炉，自正月起将省、怀两局暂停鼓铸。"[①]

宝河局铁钱从开铸到停铸前后历时约四年。

---

① 中国人民银行总行参事室金融史料组编《中国近代货币史资料》（第一辑），中华书局，1964，第249页。

第三节　咸丰宝河局大钱、铁钱开铸带来的影响

大钱、铁钱的开铸是清咸丰初年由于军事开支等急剧增加，清政府为增加财政收入而采取的一种货币手段。在时任户部右侍郎兼管钱法堂事务的王茂荫看来，这只是一种权宜之计，从历史和咸丰时期现实的情况来看都不能长久，初期当十钱能畅行，不过是"人情喜新，历代初行，亦皆如此"，如果能"持之以信、守而不改，庶几可冀数年之利"。[①]可以说，王茂荫的预见是非常准确的。

但是由于战事紧急，太平天国起义直接威胁到了清政府的统治，而朝廷和地方又生财乏术，所以历史上发行大钱屡屡失败的教训被统治集团刻意无视，反而发行各项大面值钱币从当五至当千不等。

以北京为例，从咸丰三年（1853）开始鼓铸大钱到结束，其间11年，户、工两部共铸发铜钱11090500串，折银5545250两，占清政府这一期间财政收入的9.05%；共铸铁钱15026000串，折银3756500两，占这一期间财政收入的6.13%，两项合计占11年间清政府财政收入的15.18%。[②]

而户部银库的收入，原先以白银为主，道光元年至道光十四年（1821—1834），平均每年收入银占91.3%，钱文占8.7%。而从咸丰四年到咸丰九年（1854—1859），钱文收支在户部的收支中却一直占到了一半以上的比例，最高年份达到了70%以上。[③]

可见清政府利用发行大钱、铁钱的手段确实补充了一部分财政收入。

但同时给社会经济活动带来了混乱的恶果。

---

① 王茂荫撰，张新旭、张成权、殷君伯点校：《王侍郎奏议》，黄山书社，1991，第91、93页。
② 彭泽益：《十九世纪后半期的中国财政与经济》，人民出版社，1983，第115页。
③ 同上书，第75页。

首先是钱币铸造五花八门，民间交易无所适从。以户部宝泉局钱币为例：当十钱币，早期有重 33.4 克者，晚期有仅重 11 克者；当五十钱币，最早期有重 67 克者，晚期有仅重 37.7 克者；当百钱币，早期有重达 73.7 克者，晚期有仅重 42 克者。[①]轻重相差悬殊。

其次是折当过重，兵民拒收，商人罢市，造成市场上足值货币更加紧缺，商品流通不畅，店铺动辄关闭，兵民生活困苦。

再次是腐败滋生。对于收捐课税的官员来说，既可拒收或折扣收取搭放大钱，又可用虚值货币或折扣收取的大钱交公谋取暴利。大钱面值越大，利润越高。

最后是私铸猖獗。由于大钱虚值比例非常之高，不法之徒纷纷熔铸铜器、小钱等改铸大钱，然后参与流通，利润丰厚；又因为钱法大乱，轻重颠倒，私铸行为更加有机可乘，大钱的流通信用进一步下降。

河南情况也是如此，宝河局钱币铸造最为混乱的就是当百大钱。据不完全统计，当百大钱的重量从 30 多克到 90 多克不等。

由于大钱滥发，白银愈贵，铜钱愈贱，各省的银钱价比在 1853—1855 年间出现了大幅上涨。河南省就是一个典型的例子。

[①] 参见齐宗佑编著：《咸丰钱的版式系列——自藏自拓咸丰钱集》，中华书局，2002。

表 4-1 咸丰三年至咸丰五年（1853—1855）银钱比价波动趋势[1]

单位：文

年份	银钱价比	地区
1853	1800—1900	安徽
	2000—1800	云南
	1800—2200	贵州
	2100—1000	京城
	2638.9	浙江
	1600	河南
1854	2000	安徽
	3000	陕西
	2700—2800	河道
	2500—2700	京城
	2700—2800	直隶
	2700—3000	河南
1855	2500	上海
	2300—1800	浙江
	3000—2500	河南

直到今天，这些宝河局大钱存世仍然较多，充分说明了当时河南大量鼓铸的实情。

而对于后期宝河局大钱行用壅滞乃至无法流通的现象，地方大员不从货币政策的失败上找原因，往往仅归结为奸民私铸，影响了官铸大钱的流通，为政府掠夺人民财富的事实找借口，完全无视货币运行的基本规律。

同时，大钱、铁钱的开铸给河南带来了以往没有的财政收入项目，而这些项目又不大受朝廷监管（例如，河南省两年多未向户部报告铁钱办理章程和收入）。这些收入构成了地方新增财政收入的一部分，供河南地方开支使用，使地方的财政压力得到一定程度的减轻，同时使得豫省巡抚拥有了比以往更大的财权。

---

[1] 摘自王宏斌：《晚清货币比价研究》，河南大学出版社，1990，第 36 页。

在此之前，清代长期以来对于地方财政收入和开支实行的是"估、拨、协、解"和"奏销"制度。各省奉朝廷之命征收赋税，各省收入和开支需在前一年冬天做出预估，送户部批核，成为"冬估"；户部根据"冬估册"，于每年春、秋两季指定各种款项的用途，称为"春秋拨"；各省收支相抵，若有盈余，一部分接济其他经费不敷的省份，称为"协饷"；另一部分上缴给朝廷，称为"解饷"或"京饷"；财政年度终结，各省布政使就该省收支协解的全部款项，造册报告户部，户部有监督查驳的权力，称为"钱粮报销"。

在咸丰以前，总督和巡抚虽然是一省的行政军事首脑，但布政使、按察使也有相对独立的权力。尤其是布政使总理一省的民政和财政，直接与户部联系，并有专折奏事的权力，遇到巡抚缺任而又无总督或总督兼辖时，常常代理巡抚职责，权力非常大。清政府通过这一套财政制度和财政机构得以控制各省财权，调整、平衡和监督全国收支。从各省来说，每一笔款项的收支都要由户部来最后决定，财政结余也不能留在本省，各省并没有自己的独立财政体系。

太平天国起义把这套财政制度完全打乱了，各省收入骤减，支出激增，不能再正常执行协款、解款制度，同时增加了大量原来没有的收入和支出项目，旧的财政体制已经跟不上形势的发展，户部对于各省的收支具体情况已经搞不清楚，更谈不上控制和监督了。

例如，咸丰三年（1853），总理徐州粮台署河南布政使郑敦谨在给瑛榮的信中就提到："部拨之饷，浙江盐课，既属子虚。昨奉院辕行知，陕省捐输五万之数又成画饼，而禾农来信，催促紧急，睹此情形，焦灼实难名状。"[①]

---

① 中国史学会主编《捻军》第五册《瑛兰坡藏名人尺牍》，上海人民出版社，1957，第88页。

徐州粮台主要办理钦差大臣琦善军营所需粮草军需，每月需银 20 万两，而从郑敦谨的信来看，此时军饷指望朝廷拨付已经不可靠，户部指定的饷银已经无法落实，旧的部拨措施在新局势面前已经是纸上空谈。地方官员对于这种情况一筹莫展，不知如何是好。

与此同时，原先作为一省财政、民政、人事等事务主管官员布政使的地位进一步下降，新设立的厘金、善后、军需、筹防、支应、土药等大宗收支均另行设局，由督抚直接掌握，布政使不能过问，督抚集军权、财权于一身，布政使不再起到有效的牵制作用，逐渐成为督抚的附庸。

咸丰时期，为镇压起义，用兵巨大，但八旗、绿营之兵已经不堪用，征募新兵由地方负担，新兵的兵饷朝廷已经无法提供，自然也由地方财政负担，财权既为地方督抚所控制，兵权的控制自然由中央转而到地方手中。晚清时期湘军集团、淮军集团的崛起莫不与此有关。可以说，从大钱、铁钱的铸行情况足可见晚清中央与地方权力转移之一斑。

第四节　对《清钱编年谱》中部分结论的再探讨

布威纳先生（Werner Burger），德国慕尼黑大学汉学教授，世界上第一个因研究中国清代钱币而获得博士学位的人。

1976年，通过多年的研究，他出版了第一部《清钱编年谱·至雍正朝》一书，这本书将清代官方铸币按地区、年份进行分类排列，详细探讨了清朝中前期钱币发行的背景、流程、版式、年代，甚至厂别划分。此书出版后，在全球钱币界受到极大的赞誉，被英国皇家钱币学会委员会授予当年度的LHOTKA纪念奖。

随后继续经过40年的不懈努力，在2016年，布威纳先生终于出版完成了《清钱编年谱》全集，把他这40年的研究成果，即从乾隆到宣统的部分补充进去，使之成为一部完整的清钱编年谱。

作为中国的最后一个封建王朝，清朝一共经历296年，统治人口达到创纪录的4亿，所发行使用的铜钱浩如烟海。要想靠一个人的力量厘清每个省份、每个年份所发行钱币的背景、铸量、式样及演变几乎是不可能完成的任务，但是他基本做到了。这意味着需要过手数以吨计的古钱币实物和阅读并翻译千万字的史料，这对一个外国人来说尤为不易。《清钱编年谱》令人叹为观止。

更值得称道的是他的严谨精神。他从中国第一历史档案馆的大量资料出发，结合实物，提出了科学研究清代钱币的框架，把杂乱无章的散乱资料和实物有机结合，互相印证，有力地说明了当时的货币发行、经济运转等情况，使之不单单是简单的收集活动，而成为一门学问。

但是由于各种各样的原因，《清钱编年谱》中令人遗憾地出现了一些瑕疵，包括一些收录的钱币标本的真伪是需要认真审视的。

以下就《清钱编年谱》中咸丰宝河局部分的内容做一下探讨，提出个人的一些不同观点，供读者参考。

第一，河南巡抚奏折章程中的每卯当百、当五十、当十咸丰大钱铸造量应为理论值，而不是实际值。这个情况需要加以特别说明，不然难以解释现实情况。

按照巡抚英桂的报告计算，每卯当百、当五十、当十大钱的铸造比例约为 8∶7∶6，这和实际当中存世钱币数量比例严重不符。实际上当百大钱的存世数量远多于当五十、当十大钱，倒推到当时的实际铸造量，也应该是当百大钱铸造量远多于当五十、当十大钱。布威纳先生在书中也提到了发现咸丰宝河当十的理论铸造量和实际不符的情况，原因在本书第四章第七节已经论述，此处不再赘述。

第二，布威纳先生在书中认为宝河局存在很多锌质的钱币，是否误把铅质钱写作锌质钱？但铅质钱也并不常见。现实当中目前并未发现纯锌质宝河局钱币实物。

第三，布威纳先生认为存在相当数量的私铸宝河大钱，但并没有给出界定官铸和私铸的依据，但在同一段文章中，他又承认宝河局的制作工艺很差，所以据此给出的结论值得商榷。

第四，在咸丰宝河局文字部分介绍的最后，布威纳先生提到了几个尔宝钱币的例子。布威纳先生举例用的是一枚尔宝当五十钱币（编号：9-37-5-50T）。他认为文字式样是咸丰五年（1855）宝河局的风格，笔者不赞同这个看法。这枚钱币的风格仍然是标准尔宝试铸样钱系列的风格，而不同于大量铸造的普通缶宝当五十的风格，至于铸造年份和铸造地可以继续探讨。这枚钱币是罗伯昭先生捐献给中国历史博物馆（现中国国家博物馆）的木制雕钱。

第五，布威纳先生将尔宝当十（编号：9-37-5-10T）、尔宝当五十（编号：

9-37-5-50T、9-37-5-50、9-37-5-50Fe) 系列钱币划归为咸丰五年（1855）怀庆府的试铸样钱，本书有不同的观点。

在《清钱编年谱》的咸丰宝河部分，将尔宝当千大钱（编号：9-36-3-1000T）归为咸丰三年（1853）年底开封宝河局所铸造，那么风格一脉相承的尔宝当十、尔宝当五十为何又归为咸丰五年（1855）的怀庆府铸造？而且咸丰三年（1853）年底宝河局并未开铸。

另，其中编号为9-37-5-10的钱币如系真钱，应为户部颁发的部颁样钱，铸造时间在咸丰三年（1853），而不是咸丰五年（1855），铸造地在北京，而不是河南怀庆府。

第六，《清钱编年谱》中举例用的咸丰当五百大钱（编号：9-36-4-500、9-36-4-500Zn）、咸丰当五十大钱（编号：9-36-5-50Fe）、咸丰尔宝当十大钱（编号：9-37-5-10），实物的真伪需要认真审视。

第七，布威纳先生对于咸丰宝河局钱币的稀少程度定级似乎和实际情况存在偏差，在此就不一一表述了。

虽然《清钱编年谱》书中对于宝河局部分的描述存在一定的问题，但是瑕不掩瑜，丝毫不妨碍此书成为清代钱币研究领域的经典著作。

下篇

咸丰宝河局钱币实物和拓片

咸丰宝河局钱币版式介绍

咸丰宝河局大钱面值有当十、当五十、当百、当五百、当千五等。

目前所见实物当中当十、当五十的版式很少，当五百、当千的版式就更少了，大致上只有宽缘、窄缘的区别。

这种现象的产生和各类大钱铸造量的不同直接相关。虽然据河南巡抚英桂报称，宝河局大钱当百、当五十、当十的铸造比例约为 8∶7∶6，但是从实物存世量来看，应该完全不是这种情况，当百的存世量远远大于后两者。倒推到铸造量，当百的铸造量也应远远大于当五十、当十大钱。

原因就在于作为清政府敛财的重要手段，铸行当百大钱最为有效。而当千、当五百大钱甫一发行即因遭兵民拒用而宣告失败，无法继续铸行，被迫停铸。

当百、当五十、当十大钱在发行初期尚能流通，在有限的铜、煤等生产原料限制下，为了实现更多利润，宝河局在铸行当中一定是极力增加当百钱的铸造比例，压缩其他两种大钱的铸造。按照河南巡抚的报告，足卯开铸的话，每个月铸造大钱的总量是 424800 枚。其中大部分钱币应该就是当百大钱，数量至少在 21 万枚以上。这种铸造情况至少持续了七个月，所以，当百大钱铸造总量的下限也有 140 余万枚。

在当时的情况之下，一方面要收买废铜熔成铸币原料，一方面要调运煤炭等燃料供开铸，七个月时间铸造出总计近 300 万枚大钱殊为不易。时间紧、任务急，宝河局的开铸必然要根据河南本省的现有条件进行；如果按照京局的管理制度和流程进行，肯定是不现实的。

所以，我们今天看到的宝河局当百大钱的重量不太统一，文字版式更是纷繁复杂，让人目不暇接，这和当时的实际铸造情况有着密切的联系。

河南省的钱币收藏家在分类归纳这些宝河当百版式时已经有过很好的经验，根据文字书法的变化分为周书类、类周书类、异书类三大体系。

（一）周书类

顾名思义，周书，即周尔墉书写的文字书体。

和宋代徽宗御书的大观通宝、崇宁通宝版式一样，周书品种当中究竟哪一种版式最接近书写者的原貌，今天已不可考。如果非要找一种出来，那么最有可能就是故宫和民间所藏进呈样钱的书法最接近。

在此，我们不做过细区分，而将文字楷法端庄、符合书法结构规范的宝河局钱币统称为周书类钱币。

（二）类周书类

类周书类钱币和周书类相比已经产生了变化，或是文字整体风格上稍有差异，或是局部产生了变化，但大体上还是能够看出周书的风格味道。

这种变化有可能是母钱加刀修正造成的，也有可能是独立的变化版式。

（三）异书类

异书类钱币和周书类相比文字变异较大，整体风格已经改变，有些文字甚至怪异、幼稚，有可能是没有书法基础的工匠的作品。

咸丰宝河局当百大钱的版式繁多，除了文字字体的变化，文字的位置也经常出现明显的变化。为了描述这些现象，同时便于读者记忆，本书借鉴了宋钱版式名称的命名方法，将部分出现位置变化的文字分别冠以为昂、降、进、退、仰、俯等名称。

具体命名规则见图1—7。

下篇 咸丰宝河局钱币实物和拓片

图1：标准正样

图2："宝"字上升，称为"昂"

图3："宝"字下降，称为"降"

图4:"丰"字靠左,称为"进"

图5:"丰"字靠右,称为"退"

图6:"丰"字向右倾斜,称为"仰"

下篇 咸丰宝河局钱币实物和拓片

图7："丰"字向左倾斜，称为"俯"

需要说明的是，本书尽可能对宝河局大钱的版式进行了收集和整理，但是由于宝河局大钱铸造工艺的特殊性，很多版式尤其是类周书类和异书类版式的变化非常随意，没有规律可循。因此，想对咸丰宝河局大钱版式一个不漏地进行收集整理基本上是不可能的，只能是尽其所能。也许随着本书的出版，更多沉淀在民间的河局版式将浮出水面，这也是我们非常期待的事情。

另外，本书对收录钱币珍稀程度划分为十个等级，分别为：

一级：大纲性钱币，具备特殊性质、能和史料相互印证，存世极罕、特别珍贵的钱币；

二级：纲目性钱币，具备特殊性质，存世罕见、珍贵的钱币；

三级：纲目性钱币，有代表性的钱币，存世很少的钱币；

四级：有代表性的钱币，存世稀少，性质较好的钱币；

五级：版式变化较大且稀少的钱币；

六级：版式较少的钱币；

七级：版式略少的钱币；

八级：版式稍多的钱币；

107

九级：较常见的钱币；

十级：常见品种钱币。

咸丰宝河局开炉花钱

一、折十型

BH-KL-10-1

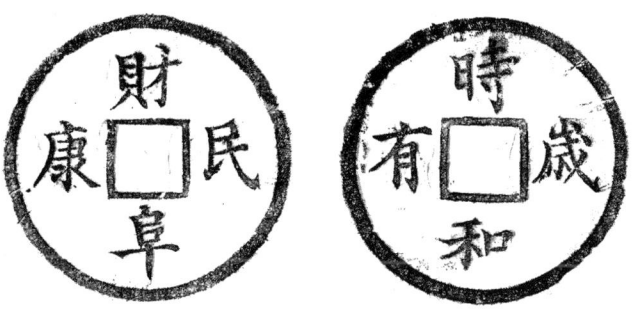

名称："财阜民康　时和岁有"开炉花钱　　性质：母钱　　等级：二
材质：黄铜　　备注：平尾赞平先生旧藏，胡坚先生藏品

BH-KL-10-2

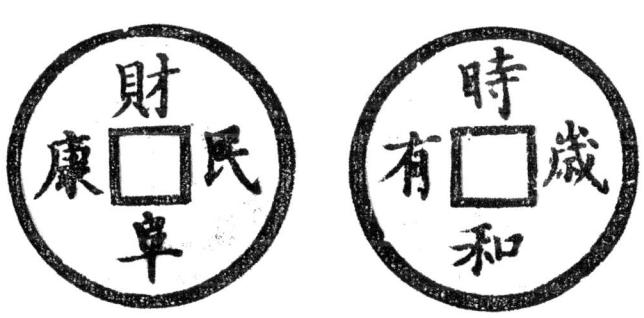

名称："财阜民康　时和岁有"开炉花钱　　性质：子钱　　等级：二
材质：黄铜　　备注：本书作者藏品

BH-KL-10-3

名称:"千祥云集 百福骈臻"开炉花钱　　性质:子钱　　等级:二
材质:黄铜　　备注:景李明先生藏品

BH-KL-10-4

名称:"千祥云集 百福骈臻"开炉花钱　　性质:子钱　　等级:二
材质:黄铜　　备注:胡坚先生藏品

BH-KL-10-5

名称:"千祥云集　百福骈臻"开炉花钱　　性质:子钱　等级:二
材质:黄铜　　备注:田志远先生藏品

二、折五十型

BH-KL-50-1

名称:"万年有道　百禄是道"开炉花钱　　性质:子钱　　等级:三
材质:黄铜　　备注:张玉山先生藏品

BH-KL-50-2

名称:"万年有道 百禄是道"开炉花钱　　性质:子钱　　等级:三
材质:黄铜　　备注:胡坚先生藏品

BH-KL-50-3

名称:"万年有道 百禄是道"开炉花钱　　性质:子钱　　等级:三
材质:黄铜　　备注:本书作者藏品

BH-KL-50-4

名称:"万年有道 白禄是道"开炉花钱　　性质:子钱　　等级:三
材质:黄铜　　备注:周承伟先生藏品

BH-KL-50-5

名称:"丰财和众 保富安民"开炉花钱　　性质:子钱　　等级:三
材质:黄铜　　备注:胡坚先生藏品

BH-KL-50-6

名称:"丰财和众 保富安民"开炉花钱　　性质:子钱　　等级:三
材质:黄铜　备注:本书作者藏品

三、折百型

BH-KL-100-1

名称:"天子万年 永清四海"开炉花钱　　性质:子钱　　等级:二
材质:黄铜　备注:胡坚先生藏品

BH-KL-100-2

名称:"一人有庆 四海升平"开炉花钱　　性质:子钱　　等级:二
材质:黄铜　　备注:胡坚先生藏品

BH-KL-100-3

名称:"一人有庆 四海升平"开炉花钱　　性质:子钱　　等级:二
材质:黄铜　　备注:田志远先生藏品

咸丰宝河局小平钱

BH-1-01

名称：宝河小平
版式：部颁式角头通
性质：铁钱雕母
等级：一
材质：黄铜
备注：赵梓凯先生藏品

BH-1-02

名称：宝河小平
版式：部颁式角头通
性质：铁母
等级：二
材质：铅
备注：《咸丰泉汇》7-1-16号

BH-1-03

名称：宝河小平
版式：部颁式角头通
性质：子钱
等级：九
材质：铁
备注：《咸丰泉汇》7-1-17号

BH-1-04

名称：宝河小平
版式：部颁式角头通
性质：子钱
等级：九
材质：铁

BH-1-05

名称：宝河小平
版式：楷书小字
性质：铁母
等级：一
材质：青铜
备注：《咸丰泉汇》7-1-32号

BH-1-06

名称：宝河小平
版式：楷书小字
性质：铁范铜
等级：三
材质：黄铜
备注：《咸丰泉汇》7-1-33号

BH-1-07

名称：宝河小平
版式：楷书小字
性质：子钱
等级：四
材质：铁
备注：《咸丰泉汇》7-1-35号

BH-1-08

名称：宝河小平
版式：楷书小字
性质：子钱
等级：四
材质：铁
备注：闫成磊先生藏品

BH-1-09

名称：宝河小平
版式：楷书小字宽缘
性质：子钱
等级：四
材质：铁
备注：《咸丰泉汇》7-1-34号

BH-1-10

名称：宝河小平
版式：楷书小字宽缘
性质：子钱
等级：四
材质：铁

BH-1-11

名称：宝河小平
版式：楷书
性质：雕母
等级：一
材质：黄铜
备注：《咸丰泉汇》7-1-24 号

BH-1-12

名称：宝河小平
版式：楷书
性质：子钱
等级：七
材质：黄铜
备注：本书作者藏品

BH-1-13

 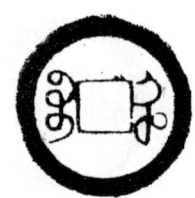

名称：宝河小平
版式：大字方头通
性质：祖钱
等级：一
材质：黄铜
备注：《咸丰泉汇》7-1-1号，实物未见

BH-1-14

名称：宝河小平
版式：大字方头通
性质：铁母
等级：三
材质：黄铜
备注：《咸丰泉汇》7-1-3号

BH-1-15

名称：宝河小平
版式：大字方头通
性质：铁母
等级：三
材质：黄铜
备注：《咸丰泉汇》7-1-2号

BH-1-16

名称：宝河小平
版式：大字方头通
性质：子钱
等级：十
材质：铁
备注：《咸丰泉汇》7-1-11号

咸丰宝河局当十大钱

BH-10-01

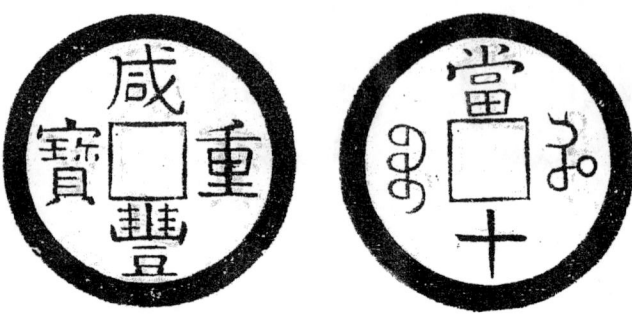

名称：宝河当十部颁样钱　　版式：降当　　性质：雕母　　等级：一
材质：黄铜　　备注：《咸丰泉汇》7-2-1号

BH-10-02

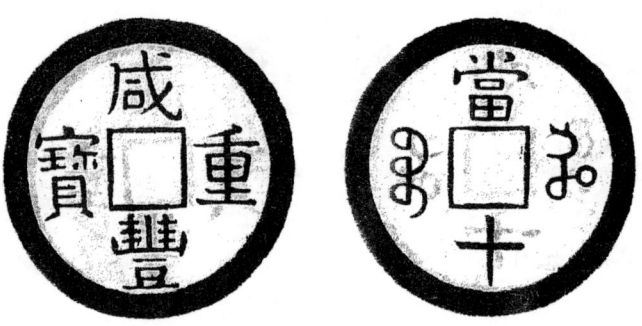

名称：宝河当十部颁样钱　　版式：昂当　　性质：雕母　　等级：一
材质：黄铜　　备注：《咸丰泉汇》7-2-2号

下篇 咸丰宝河局钱币实物和拓片

BH-10-03

名称：宝河当十　　版式：周书　　性质：母钱　　等级：三
材质：黄铜　　备注：周建设先生藏品

BH-10-04

名称：宝河当十　　版式：周书　　性质：母钱　　等级：三
材质：黄铜　　备注：周建设先生藏品

BH-10-05

名称：宝河当十　　版式：周书　　性质：母钱　　等级：三
材质：黄铜

BH-10-06

名称：宝河当十样钱　　版式：周书　　性质：子钱　　等级：三
材质：黄铜　　备注：周鑫淼先生藏品

BH-10-07

名称：宝河当十（或为样钱）　　版式：周书宽缘大样　　性质：子钱
等级：三　　材质：黄铜　　备注：张立敬先生藏品

BH-10-08

名称：宝河当十试铸样钱　　版式：尔宝　　性质：子钱　　等级：一
材质：黄铜　　备注：仅见拓片，实物未见

BH-10-09

名称：宝河当十　　版式：周书　　性质：子钱　　等级：八
材质：黄铜　　备注：本书作者藏品

BH-10-10

名称：宝河当十　　版式：周书　　性质：子钱　　等级：八
材质：黄铜　　备注：张俊峰先生藏品

BH-10-11

名称：宝河当十　　版式：缩字（文字笔画圆钝、柔弱）　性质：子钱
等级：六　　材质：黄铜　　备注：周建设先生藏品

BH-10-12

名称：宝河当十　　版式：缩字（文字笔画圆钝、柔弱）　性质：子钱
等级：六　　材质：黄铜　　备注：闫建华先生藏品

BH-10-13

名称：宝河当十　　版式：逆背90°　　性质：子钱
等级：六　　材质：黄铜

咸丰宝河局当五十大钱

BH-50-01

名称：宝河当五十部颁样钱　　版式：尔宝　　性质：雕母　　等级：一
材质：黄铜　　备注：赵梓凯先生藏品

BH-50-02

名称：宝河当五十　　版式：周书俯丰离点宝（"丰"字俯，"宝"字贝部左点远离贝部）　　性质：雕母（未见实物，此钱也可能为加刀母钱）
等级：一　　材质：黄铜　　备注：《咸丰泉汇》7-3-3号

BH-50-03

名称：宝河当五十　　版式：周书俯丰连点宝（"丰"字俯，"宝"字贝部左点连接贝部）　　性质：雕母（未见实物，此钱也可能为加刀母钱）
等级：一　　材质：黄铜　　备注：《咸丰泉汇》7-3-2号

BH-50-04

名称：宝河当五十　　版式：周书窄缘（外缘较窄）　　性质：母钱
等级：三　　材质：黄铜　　备注：张玉山先生藏品

BH-50-05

名称：宝河当五十雕样　　版式：宽缘尔宝（外缘较宽，"宝"字从尔）
性质：雕样　　等级：一　　材质：枣木　　备注：罗伯昭先生旧藏，今藏中国国家博物馆

BH-50-06

名称：宝河当五十试铸样钱　　版式：宽缘尔宝（外缘较宽，"宝"字从尔）　　性质：子钱　　等级：一　　材质：黄铜

BH-50-07

名称：宝河当五十试铸样钱　　版式：宽缘尔宝勾咸（外缘较宽，"宝"字从尔，勾咸）　　性质：子钱　　等级：一　　材质：黄铜
备注：[新加坡]陈光扬先生藏品

BH-50-08

名称：宝河当五十试铸样钱　　版式：宽缘尔宝（外缘较宽，"宝"字从尔）
性质：子钱　　等级：一　　材质：黄铜　　备注：布威纳《清钱编年谱》
第9-37-5-50号

下篇 咸丰宝河局钱币实物和拓片

BH-50-09

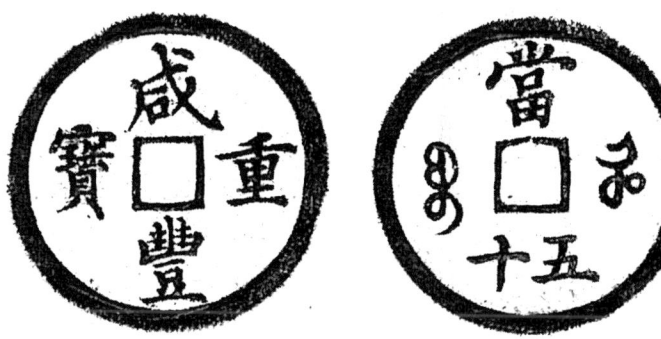

名称：宝河当五十　　版式：周书窄缘（外缘较窄）
性质：子钱　　等级：七　　材质：黄铜

BH-50-10

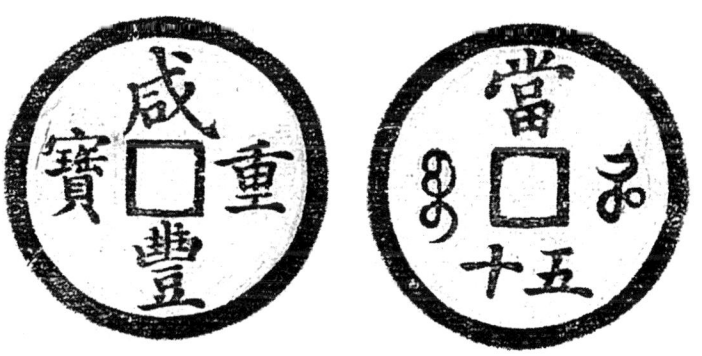

名称：宝河当五十　　版式：周书窄缘（外缘较窄）
性质：子钱　　等级：七　　材质：黄铜

BH-50-11

名称：宝河当五十　　版式：周书窄缘（外缘较窄）　　性质：子钱
等级：七　　材质：黄铜

BH-50-12

名称：宝河当五十　　版式：周书窄缘离点宝（外缘较窄，"宝"字右点远离贝部）　性质：子钱　　等级：七　　材质：黄铜

BH-50-13

名称：宝河当五十　　版式：周书窄缘（外缘较窄）　　性质：子钱
等级：五　　材质：白铜　　备注：寇慧斌先生藏品

BH-50-14

名称：宝河当五十　　版式：周书窄缘窄贝宝（外缘较窄，"宝"字贝部较窄）　　性质：子钱　　等级：七　　材质：黄铜

BH-50-15

名称：宝河当五十　　版式：周书小宽缘（外缘较宽）
性质：子钱　　等级：七　　材质：黄铜

BH-50-16

名称：宝河当五十　　版式：周书宽缘（外缘明显宽阔）
性质：子钱　　等级：七　　材质：黄铜

BH-50-17

名称：宝河当五十　　版式：周书宽缘（外缘明显宽阔）
性质：子钱　　等级：七　　材质：黄铜

BH-50-18

名称：宝河当五十　　版式：异书纤字（文字纤细怪异）
性质：子钱　　等级：五　　材质：黄铜　　备注：闫建华先生藏品

BH-50-19

名称：宝河当五十　　版式：异书大字（文字怪异且较大）
性质：子钱　　等级：五　　材质：黄铜　　备注：周建设先生藏品

BH-50-20

名称：宝河当五十　　版式：异书遒劲（文字遒劲，笔画锋利）
性质：子钱　　等级：五　　材质：黄铜　　备注：田志远先生藏品

咸丰宝河局当百周书大钱

BH-100-001

名称：宝河当百　　版式：周书　　性质：雕母　　等级：一
材质：黄铜　　备注：《咸丰泉汇》7-4-1号

BH-100-002

名称：宝河当百　　版式：周书宽缘大样　　性质：母钱　　等级：二
材质：黄铜　　备注：周建设先生藏品

BH-100-003

名称：宝河当百进呈样钱　　版式：周书正样　　性质：子钱
等级：一　　材质：黄铜　　备注：《咸丰泉汇》7-4-2号

BH-100-004

名称：宝河当百试铸样钱　　版式：尔宝窄缘　　性质：子钱
等级：一　　材质：黄铜　　备注：本书作者藏品

BH-100-005

名称：宝河当百试铸样钱　　版式：尔宝宽缘　　性质：子钱
等级：一　　材质：黄铜　　备注：赵梓凯先生藏品

BH-100-006

名称：宝河当百试铸样钱　　版式：尔宝宽缘　　性质：子钱
等级：二　　材质：铅　　备注：《咸丰泉汇》7-4-36号

BH-100-007

名称：宝河当百　　版式：周书正样（此版式与进呈样钱版式相同）
性质：子钱精铸　　等级：六　　材质：黄铜　　备注：周建设先生藏品

BH-100-008

名称：宝河当百　　版式：周书　　性质：子钱精铸　　等级：六
材质：黄铜

下篇 咸丰宝河局钱币实物和拓片

BH-100-009

名称：宝河当百　　版式：周书　　性质：子钱精铸　　等级：六
材质：黄铜

BH-100-010

名称：宝河当百　　版式：周书　　性质：子钱精铸　　等级：六
材质：黄铜

BH-100-011

名称：宝河当百　　版式：周书　　性质：子钱精铸　　等级：六
材质：黄铜

BH-100-012

名称：宝河当百　　版式：周书　　性质：子钱精铸　　等级：六
材质：黄铜

BH-100-013

名称：宝河当百　　版式：周书　　性质：子钱精铸　　等级：六
材质：黄铜

BH-100-014

名称：宝河当百　　版式：周书　　性质：子钱精铸　　等级：六
材质：黄铜

BH-100-015

名称：宝河当百　　版式：周书　　性质：子钱精铸　　等级：六
材质：黄铜

BH-100-016

名称：宝河当百　　版式：周书　　性质：子钱精铸　　等级：六
材质：黄铜

BH-100-017

名称：宝河当百　　版式：周书　　性质：子钱精铸　　等级：六
材质：黄铜

BH-100-018

名称：宝河当百　　版式：周书　　性质：子钱精铸　　等级：六
材质：黄铜

BH-100-019

名称：宝河当百　　版式：周书　　性质：子钱精铸　　等级：四
材质：白铜　　备注：赵琨先生藏品

BH-100-020

名称：宝河当百　　版式：周书　　性质：子钱　　等级：五
材质：白铜　　备注：闫建华先生藏品

下篇　咸丰宝河局钱币实物和拓片

BH-100-021

名称：宝河当百　　版式：周书　　性质：子钱　　等级：九
材质：黄铜

BH-100-022

名称：宝河当百　　版式：周书宽缘（外缘较宽，直径较大）
性质：子钱　　等级：六　　材质：黄铜

BH-100-023

名称：宝河当百　　版式：周书宽缘（外缘较宽，直径较大）
性质：子钱　　等级：六　　材质：黄铜

BH-100-024

名称：宝河当百　　版式：周书宽缘（外缘较宽，直径较大）
性质：子钱　　等级：六　　材质：黄铜

下篇　咸丰宝河局钱币实物和拓片

BH-100-025

名称：宝河当百　　版式：周书时大样（外缘很宽，直径非常大，接近于当五百大钱）　　性质：子钱　　等级：四　　材质：黄铜
备注：张俊峰先生藏品

BH-100-026

名称：宝河当百　　版式：周书窄缘（外缘较窄，直径较小）
性质：子钱　　等级：十　　材质：黄铜　　备注：张立敬先生藏品

BH-100-027

名称：宝河当百　　版式：周书窄缘（外缘较窄，直径较小）
性质：子钱　　等级：十　　材质：黄铜　　备注：张立敬先生藏品

BH-100-028

名称：宝河当百　　版式：周书窄缘（外缘较窄，直径较小）
性质：子钱　　等级：十　　材质：黄铜

BH-100-029

名称：宝河当百　　版式：周书面移范（正面文字移范）
性质：子钱　　等级：六　　材质：黄铜　　备注：刘之会先生藏品

BH-100-030

名称：宝河当百　　版式：周书背移范（背面文字移范）
性质：子钱　　等级：六　　材质：黄铜　　备注：刘之会先生藏品

BH-100-031

名称：宝河当百　　版式：周书面移范 90°　　性质：子钱
等级：六　　材质：黄铜

BH-100-032

名称：宝河当百　　版式：周书合面　　性质：子钱
等级：四　　材质：黄铜

咸丰宝河局当百类周书大钱

BH-100-033

名称：宝河当百　　版式：类周书五笔元（"元"字第一横断笔，形成五个笔画）　　性质：子钱　　等级：五　　材质：黄铜　　备注：张玉山先生藏品

BH-100-034

名称：宝河当百　　版式：类周书行楷（文字略有行书味道）
性质：子钱　　等级：六　　材质：黄铜

BH-100-035

名称：宝河当百　　版式：类周书大元（"元"字舒展，较大）
性质：子钱　　等级：七　　材质：黄铜

BH-100-036

名称：宝河当百　　版式：类周书细缘类　　性质：子钱
等级：七　　材质：黄铜

BH-100-037

名称：宝河当百　　版式：类周书细缘类　　性质：子钱
等级：八　　材质：黄铜

BH-100-038

名称：宝河当百　　版式：类周书细缘类异当　　性质：子钱
等级：七　　材质：黄铜

BH-100-039

名称：宝河当百　　版式：类周书宽缘类　　性质：子钱
等级：七　　材质：黄铜

BH-100-040

名称：宝河当百　　版式：类周书宽缘类　　性质：子钱
等级：七　　材质：黄铜

下篇 咸丰宝河局钱币实物和拓片

BH-100-041

名称：宝河当百　　版式：类周书宝缘类异当　　性质：子钱
等级：七　材质：黄铜

BH-100-042

名称：宝河当百　　版式：类周书细字类斜元（文字较细，"元"字向左斜）
性质：母钱　　等级：二　　材质：白铜　　备注：周建设先生藏品

161

BH-100-043

名称：宝河当百　　版式：类周书细字类斜元窄缘（文字较细，"元"字向左斜，外缘窄）　性质：子钱　　等级：六　　材质：黄铜

BH-100-044

名称：宝河当百　　版式：类周书细字类斜元小字（文字较细，"元"字向左斜，文字较小）　性质：子钱　　等级：六　　材质：黄铜

BH-100-045

名称：宝河当百　　版式：类周书细字类长宝（文字较细，汉文"宝"狭长）
性质：子钱　　等级：六　　材质：黄铜

BH-100-046

 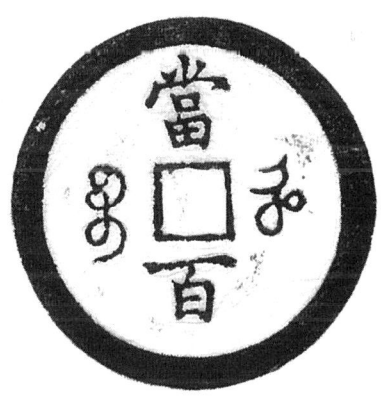

名称：宝河当百　　版式：类周书细字类昂宝（文字较细，汉文"宝"昂起）
性质：子钱　　等级：六　　材质：黄铜

BH-100-047

名称：宝河当百　　版式：类周书细字类俯百（文字较细，"百"字稍俯）
性质：母钱　　等级：二　　材质：黄铜　　备注：艾亮先生藏品

BH-100-048

名称：宝河当百　　版式：类周书细字类俯百小当（文字较细，"百"字稍俯，"当"字较小）　　性质：子钱　　等级：六　　材质：黄铜

BH-100-049

名称：宝河当百　　版式：类周书细字类长点缶（文字较细，"宝"字缶部点画较长）　性质：子钱　　等级：六　　材质：黄铜

BH-100-050

名称：宝河当百　　版式：类周书细字类尖头河（文字较细，满文"河"字头部较尖）　性质：子钱　　等级：五　　材质：黄铜
备注：本书作者藏品

BH-100-051

名称：宝河当百　　版式：类周书细字类短元（文字较细，"元"字较短）
性质：子钱　　等级：六　　材质：黄铜　　备注：赵幸源先生藏品

BH-100-052

名称：宝河当百　　版式：类周书细字类短元日贝宝（文字较细，"元"字较短，"宝"字贝部为日贝）　　性质：子钱　　等级：六　　材质：黄铜

BH-100-053

名称：宝河当百　　版式：类周书细字类日贝宝（文字较细，"宝"字贝部为日贝）　　性质：子钱　　等级：六　　材质：黄铜
备注：姚钊先生藏品

BH-100-054

名称：宝河当百　　版式：类周书细字类离腿元（文字较细，"元"字后两笔和横画分开）　　性质：子钱　　等级：六　　材质：黄铜

BH-100-055

名称：宝河当百　　版式：类周书细字类离腿元长尾宝（文字较细，"元"字后两笔和横画分开，满文"宝"字尾部较长）　　性质：子钱
等级：五　　材质：黄铜

BH-100-056

名称：宝河当百　　版式：类周书细字类离腿斜元（文字较细，"元"字后两笔和横画分开，并稍微向左倾斜）　　性质：子钱　　等级：六
材质：黄铜　　备注：张俊峰先生藏品

BH-100-057

名称：宝河当百　　版式：类周书细字类昂当（文字较细，"当"字昂起）
性质：子钱　　等级：五　　材质：黄铜

BH-100-058

名称：宝河当百　　版式：类周书细字类大河（文字较细，满文"河"字较大）　　性质：子钱　　等级：六　　材质：黄铜

BH-100-059

名称：宝河当百　　版式：类周书细字类长宝（文字较细，汉文"宝"字较长）　　性质：子钱　　等级：六　　材质：黄铜

BH-100-060

名称：宝河当百　　版式：类周书细字类连裆元（文字较细，"元"字连裆）　　性质：子钱　　等级：六　　材质：黄铜

BH-100-061

名称：宝河当百　　版式：类周书细字类　　性质：子钱　　等级：七
材质：黄铜

BH-100-062

名称：宝河当百　　版式：类周书细字类异宝（文字较细，汉文"宝"
字缶部较异）　　性质：子钱　　等级：七　　材质：黄铜

BH-100-063

名称：宝河当百　　版式：类周书异宝类（汉文"宝"字和周书相比变化较大）　　性质：子钱　　等级：七　　材质：黄铜

BH-100-064

名称：宝河当百　　版式：类周书异宝类（汉文"宝"字和周书相比变化较大）　　性质：子钱　　等级：七　　材质：黄铜

BH-100-065

名称：宝河当百　　版式：类周书异宝类日贝宝（汉文"宝"字和周书相比变化较大，"宝"字贝部为日贝）　　性质：子钱　　等级：七　　材质：黄铜

BH-100-066

名称：宝河当百　　版式：类周书异宝类（汉文"宝"字和周书相比变化较大）　　性质：子钱　　等级：七　　材质：黄铜

BH-100-067

名称：宝河当百　　版式：类周书异宝类（汉文"宝"字和周书相比变化较大）　性质：子钱　　等级：七　　材质：黄铜

BH-100-068

名称：宝河当百　　版式：类周书异宝类（汉文"宝"字和周书相比变化较大）　性质：子钱　　等级：七　　材质：黄铜

BH-100-069

名称：宝河当百　　版式：类周书异宝类（汉文"宝"字和周书相比变化较大）　　性质：子钱　　等级：六　　材质：黄铜
备注：王磊先生藏品

BH-100-070

名称：宝河当百　　版式：类周书异宝类（汉文"宝"字和周书相比变化较大）　　性质：子钱　　等级：六　　材质：黄铜

BH-100-071

名称：宝河当百　　版式：类周书异宝类（汉文"宝"字和周书相比变化较大）　　性质：子钱　　等级：七　　材质：黄铜

BH-100-072

名称：宝河当百　　版式：类周书异宝类直点宝粗字（汉文"宝"字点画竖直，背面文字较粗）　　性质：子钱　　等级：六　　材质：黄铜

BH-100-073

名称：宝河当百　　版式：类周书异宝类跛腿宝（汉文"宝"字左点较短，和右点不对称，形似跛腿）　　性质：子钱　　等级：六
材质：黄铜

BH-100-074

名称：宝河当百　　版式：类周书异宝类跛腿宝大样（版式同BH-100-073，直径较大）　　性质：子钱　　等级：六　　材质：黄铜

BH-100-075

名称：宝河当百　　版式：类周书异宝类大点宝（"宝"字右足形成一大点）

性质：子钱　　等级：七　　材质：黄铜

BH-100-076

名称：宝河当百　　版式：类周书异宝类大点宝大字（"宝"字右足形成一大点，且整体文字较大）　　性质：子钱　　等级：六

材质：黄铜

BH-100-077

名称：宝河当百　　版式：类周书异宝类长宝大字（"宝"字较长，整体文字较大）　性质：子钱　　等级：五　　材质：黄铜

BH-100-078

名称：宝河当百　　版式：类周书异宝类长宝小字（"宝"字较长，整体文字较小）　性质：子钱　　等级：六　　材质：黄铜

BH-100-079

名称：宝河当百　　版式：类周书异宝类王缶连笔（"宝"字王部、缶部连在一起）　　性质：子钱　　等级：六　　材质：黄铜

BH-100-080

名称：宝河当百　　版式：类周书异宝类长腿宝（"宝"字两点较长）
性质：子钱　　等级：七　　材质：黄铜

BH-100-081

名称：宝河当百　　版式：类周书异宝类离廓宝（"宝"字远离内廓）
性质：子钱　　等级：六　　材质：黄铜

BH-100-082

名称：宝河当百　　版式：类周书异宝类双王宝肥字（"宝"字中间部分
为双"王"字，整体文字风格较肥）　　性质：子钱　　等级：六
材质：黄铜

BH-100-083

名称：宝河当百　　版式：类周书异宝类双王宝细字（"宝"字中间部分为双"王"字，整体文字风格较纤细）　　性质：子钱　　等级：六　　材质：黄铜

BH-100-084

名称：宝河当百　　版式：类周书异宝类双王宝细缘（"宝"字中间部分为双"王"字，外缘较细）　　性质：子钱　　等级：六　　材质：黄铜

BH-100-085

名称：宝河当百　　版式：类周书异宝类双王宝异当（"宝"字中间部分为双"王"字，"当"字较异）　性质：子钱　等级：六
材质：黄铜

BH-100-086

名称：宝河当百　　版式：类周书异宝类双王宝降宝（"宝"字中间部分为双"王"字，汉文"宝"字位置下降）　性质：子钱
等级：六　　材质：黄铜

BH-100-087

名称：宝河当百　　版式：类周书异宝类类尔宝（"宝"字书写接近尔宝）

性质：子钱　　等级：六　　材质：黄铜　　备注：王焕森先生藏品

BH-100-088

名称：宝河当百　　版式：类周书异宝类类尔宝肥字（"宝"字书写接近尔宝，整体文字书写较肥）　　性质：子钱　　等级：六

材质：黄铜　　备注：王焕森先生藏品

下篇 咸丰宝河局钱币实物和拓片

BH-100-089

 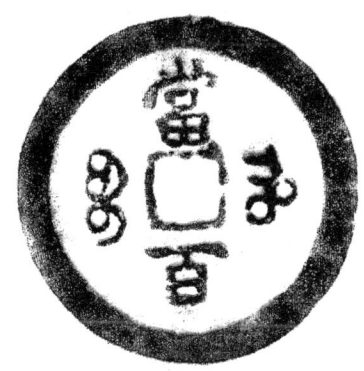

名称：宝河当百　　版式：类周书异宝类类尔宝小样（"宝"字书写接近尔宝，直径较小）　性质：子钱　等级：六　材质：黄铜

BH-100-090

名称：宝河当百　　版式：类周书异宝类示宝（"宝"字书写接近示宝）
性质：子钱　等级：六　材质：黄铜　备注：本书作者藏品

BH-100-091

名称：宝河当百　　版式：类周书异宝尔宝　　性质：子钱
等级：六　　材质：黄铜

BH-100-092

名称：宝河当百　　版式：类周书异宝类类正宝（"宝"字书写接近正宝）　　性质：子钱　　等级：六　　材质：黄铜

下篇 咸丰宝河局钱币实物和拓片

BH-100-093

名称：宝河当百　　版式：类周书异宝类类ㄇ宝冂贝（"宝"字书写接近正宝，"宝"字贝部为日贝）　　性质：子钱　　等级：六　　材质：黄铜

BH-100-094

名称：宝河当百　　版式：类周书异宝类类正宝口贝狭百（"宝"字书写接近正宝，"宝"字贝部为日贝，"百"字较狭）　　性质：子钱　　等级：六　　材质：黄铜

BH-100-095

名称:宝河当百　　版式:类周书异宝类开腿宝("宝"字贝部两点分开)
性质:子钱　　等级:七　　材质:黄铜

BH-100-096

名称:宝河当百　　版式:类周书异宝类开腿宝("宝"字贝部两点分开)
性质:子钱　　等级:七　　材质:黄铜

BH-100-097

名称：宝河当百　　版式：类周书昂宝类长点宝（"宝"字贝部两点较长）
性质：子钱　　等级：七　　材质：黄铜

BH-100-098

名称：宝河当百　　版式：类周书直山丰类（"丰"字上部笔画垂直）
性质：子钱　　等级：六　　材质：黄铜

BH-100-099

名称：宝河当百　　版式：类周书直山丰类（"丰"字上部笔画垂直）
性质：子钱　　等级：七　　材质：黄铜

BH-100-100

名称：宝河当百　　版式：类周书隔轮类（正反面文字均挤向内廓）
性质：子钱　　等级：七　　材质：黄铜

BH-100-101

名称：宝河当百　　版式：类周书隔轮类大字大样（正反面文字均挤向内廓，文字、直径均大）　性质：子钱　等级：六
材质：黄铜

BH-100-102

名称：宝河当百　　版式：类周书隔轮类小字（正反面文字均挤向内廓，文字较小）　性质：子钱　等级：七　材质：黄铜

BH-100-103

名称：宝河当百　　版式：类周书隔轮类昂宝（正反面文字均挤向内廓，满文"宝"字昂起，明显高出内廓）　　性质：子钱　　等级：六
材质：黄铜

BH-100-104

名称：宝河当百　　版式：类周书断笔"咸"类（"咸"字厂部断笔）
性质：子钱　　等级：七　　材质：黄铜

BH-100-105

名称：宝河当百　　版式：类周书断笔"咸"类（"咸"字厂部断笔）
性质：子钱　　等级：六　　材质：黄铜

BH-100-106

名称：宝河当百　　版式：类周书断笔"咸"类（"咸"字厂部断笔）
性质：子钱　　等级：六　　材质：黄铜

BH-100-107

名称：宝河当百　　版式：类周书异河类连裆元（满文"河"字较异，"元"字连裆）　性质：子钱　等级：七　材质：黄铜

BH-100-108

名称：宝河当百　　版式：类周书异河类尖头河（满文"河"字头部较尖）
性质：子钱　等级：六　材质：黄铜

BH-100-109

名称：宝河当百　　版式：类周书异河类抬头河（满文"河"字头部向上仰起）　　性质：子钱　　等级：六　　材质：黄铜

BH-100-110

名称：宝河当百　　版式：类周书异河类小头河（满文"河"字头部较小）
性质：子钱　　等级：六　　材质：黄铜

BH-100-111

名称：宝河当百　　版式：类周书异河类小头河大字（满文"河"字头部较小，文字整体较大）　　性质：子钱　　等级：七　　材质：黄铜

BH-100-112

名称：宝河当百　　版式：类周书异河类小头河细字（满文"河"字头部较小，文字整体较纤细）　　性质：子钱　　等级：六　　材质：黄铜

BH-100-113

名称：宝河当百　　版式：类周书异河类小头河短点当（满文"河"字头部较小，"当"字左点较短）　　性质：子钱　　等级：六　　材质：黄铜
备注：戎畋松先生藏品

BH-100-114

名称：宝河当百　　版式：类周书异河类小头河短点当小样（满文"河"字头部较小，"当"字左点较短，直径较小）　　性质：子钱
等级：六　　材质：黄铜

BH-100-115

名称：宝河当百　　版式：类周书异河类小头河长点当（满文"河"字头部较小，"当"字左点较长）　性质：子钱　等级：六　材质：黄铜
备注：戎畋松先生藏品

BH-100-116

名称：宝河当百　　版式：类周书异河类小头河长点当大样（版式同BH-100-115，直径较大）　性质：子钱　等级：六　材质：黄铜

BH-100-117

名称：宝河当百　　版式：类周书异河类　　性质：子钱　　等级：八
材质：黄铜

BH-100-118

名称：宝河当百　　版式：类周书异河类　　性质：子钱　　等级：八
材质：黄铜

BH-100-119

名称：宝河当百　　版式：类周书异河类宽缘　　性质：子钱
等级：六　　材质：黄铜

BH-100-120

名称：宝河当百　　版式：类周书异河类　　性质：子钱
等级：七　　材质：黄铜

BH-100-121

名称：宝河当百　　版式：类周书异河类大字　　性质：子钱
等级：六　材质：黄铜

BH-100-122

名称：宝河当百　　版式：类周书异河类大字　　性质：子钱
等级：六　材质：黄铜

BH-100-123

名称：宝河当百　　版式：类周书加刀类（母钱加刀形成）
性质：子钱　　等级：七　　材质：黄铜

BH-100-124

名称：宝河当百　　版式：类周书加刀类（母钱加刀形成）
性质：子钱　　等级：七　　材质：黄铜

BH-100-125

名称：宝河当百　　版式：类周书异河（满文"河"字书写怪异）
性质：子钱　　等级：六　　材质：黄铜　　备注：周翔先生藏品

BH-100-126

名称：宝河当百　　版式：类周书出头宝（汉文"宝"字贝部左出头）
性质：子钱　　等级：六　　材质：黄铜

BH-100-127

名称：宝河当百　　版式：类周书加刀类细元（"元"字笔画非常纤细）
性质：子钱　　等级：六　　材质：黄铜

咸丰宝河局当百异书大钱

BH-100-128

名称：宝河当百　　版式：异书巨字类（整体文字非常大）
性质：子钱　　等级：五　　材质：黄铜　　备注：本书作者藏品

BH-100-129

名称：宝河当百　　版式：异书巨字类（整体文字非常大）
性质：子钱　　等级：四　　材质：黄铜　　备注：周建设先生藏品

BH-100-130

名称：宝河当百　　版式：异书巨字类昂满文（整体文字非常大，满文向上昂起）　性质：子钱　　等级：四　　材质：黄铜
备注：周建设先生藏品

BH-100-131

名称：宝河当百　　版式：异书巨字类金农体（整体文字非常大，文字风格类似康乾时期书法家金农书体）　性质：子钱　　等级：四
材质：黄铜　　备注：张玉山先生藏品

BH-100-132

名称：宝河当百　　版式：异书巨字类斜元（整体文字非常大，"元"字向左倾斜）　　性质：子钱　　等级：四　　材质：黄铜
备注：张玉山先生藏品

BH-100-133

名称：宝河当百　　版式：异书巨字类斜元连档（整体文字非常大，"元"字向左倾斜且连档）　　性质：子钱　　等级：四　　材质：黄铜
备注：张玉山先生藏品

BH-100-134

名称：宝河当百　　版式：异书巨字类行楷（整体文字非常大，文字略有行书笔意）　　性质：子钱　　等级：四　　材质：黄铜
备注：潘超先生藏品

BH-100-135

名称：宝河当百　　版式：异书巨字类尖头河（整体文字非常大，满文"河"字头部较尖）　　性质：子钱　　等级：四　　材质：黄铜
备注：本书作者藏品

BH-100-136

名称：宝河当百　　版式：异书巨字类方字（整体文字非常大，文字方正）
性质：子钱　　等级：四　　材质：黄铜　　备注：周建设先生藏品

BH-100-137

名称：宝河当百　　版式：异书巨字类方字断笔河（整体文字非常大，文字方正，满文"河"字末笔断开）　　性质：子钱　　等级：四
材质：黄铜　　备注：周建设先生藏品

BH-100-138

名称：宝河当百　　版式：异书巨字类降宝进丰（整体文字非常大，"宝"字降，"丰"字进）　性质：子钱　等级：四　材质：黄铜
备注：刘之会先生藏品

BH-100-139

名称：宝河当百　　版式：异书巨字类长颈河（整体文字非常大，满文"河"字颈部较长）　性质：子钱　等级：五　材质：黄铜

BH-100-140

名称：宝河当百　　版式：异书巨字类大满河（整体文字非常大，满文"河"字较大）　性质：子钱　等级：四　材质：黄铜

BH-100-141

名称：宝河当百　　版式：异书巨字类遒劲（整体文字非常大，文字遒劲）
性质：子钱　　等级：六　　材质：黄铜

BH-100-142

名称：宝河当百　　版式：异书巨字类短尾宝（整体文字非常大，满文"宝"字尾短）　性质：子钱　　等级：四　　材质：黄铜
备注：本书作者藏品

BH-100-143

名称：宝河当百　　版式：异书尖头河类斜元（满文"河"字头部较尖，"元"字略左倾斜）　性质：子钱　　等级：七　　材质：黄铜

BH-100-144

名称：宝河当百　　版式：异书尖头河类斜元日贝宝（满文"河"字头部较尖，"元"字略左倾斜，"宝"字贝部为日贝）　　性质：子钱
等级：六　　材质：黄铜

BH-100-145

名称：宝河当百　　版式：异书尖头河类斜元日贝宝宽缘（满文"河"字头部较尖，"元"字略左倾斜，"宝"字贝部为日贝，外缘较宽）
性质：子钱　　等级：六　　材质：黄铜

BH-100-146

名称：宝河当百　　版式：异书尖头河类长字小样（满文"河"字头部较尖，文字总体狭长，直径较小）　性质：子钱　等级：八　材质：黄铜

BH-100-147

名称：宝河当百　　版式：异书尖头河类长字（满文"河"字头部较尖，文字总体狭长）　性质：子钱　等级：八　材质：黄铜

BH-100-148

名称：宝河当百　　版式：异书尖头河类长字宽缘（满文"河"字头部较尖，文字总体狭长，外缘较宽）　　性质：子钱　　等级：七
材质：黄铜

BH-100-149

名称：宝河当百　　版式：异书尖头河类长字长勾元（满文"河"字头部较尖，文字总体狭长，"元"字弯勾较长）　　性质：子钱
等级：五　　材质：黄铜

BH-100-150

名称：宝河当百　　版式：异书尖头河类仰元（满文"河"字头部较尖，"元"字仰）　性质：子钱　　等级：四　　材质：黄铜
备注：周建设先生藏品

BH-100-151

名称：宝河当百　　版式：异书尖头河类俯丰（满文"河"字头部较尖，"丰"字俯）　性质：子钱　　等级：六　　材质：黄铜
备注：张俊峰先生藏品

BH-100-152

名称：宝河当百　　版式：异书尖头河类俯丰大百（满文"河"字头部较尖，"丰"字俯，"百"字较大）　　性质：子钱　　等级：六
材质：黄铜

BH-100-153

名称：宝河当百　　版式：异书尖头河类昂满宝（满文"河"字头部较尖，满文"宝"字昂起）　　性质：子钱　　等级：五　　材质：黄铜

BH-100-154

名称：宝河当百　　版式：异书尖头河类卷尾宝（满文"河"字头部较尖，满文"宝"字尾部较长且卷起）　性质：子钱　等级：六　材质：黄铜

BH-100-155

名称：宝河当百　　版式：异书尖头河类纤字（满文"河"字头部较尖，文字纤细）　性质：子钱　等级：五　材质：黄铜

BH-100-156

名称：宝河当百　　版式：异书尖头河类纤子昂宝（满文"河"字头部较尖，文字纤细，满文"宝"字昂起）　　性质：子钱　　等级：四
材质：黄铜

BH-100-157

名称：宝河当百　　版式：异书断笔"咸"类（"咸"字厂部断笔）
性质：子钱　　等级：六　　材质：黄铜

BH-100-158

名称:宝河当百　　版式:异书断笔"咸"类长宝(断笔"咸","咸""丰""当"
"百"四字口部开口)　　性质:子钱　　等级:六　　材质:黄铜

BH-100-159

名称:宝河当百　　版式:异书断笔"咸"类全开口(断笔"咸","咸""丰""宝"
"当""百"五字口部均开口)　　性质:子钱　　等级:六　　材质:黄铜

BH-100-160

名称：宝河当百　　版式：异书断笔"咸"类宽缘（断笔"咸"，外缘较宽）
性质：子钱　　等级：六　　材质：黄铜

BH-100-161

名称：宝河当百　　版式：异书断笔"咸"类细字（断笔"咸"，文字纤细）
性质：子钱　　等级：六　　材质：黄铜

BH-100-162

名称：宝河当百　　版式：异书断笔"咸"类细字窄贝宝（断笔"咸"，文字纤细，"宝"字贝部狭窄）　性质：子钱　　等级：六　　材质：黄铜

BH-100-163

名称：宝河当百　　版式：异书断笔"咸"类细字窄贝宝"咸"字双开口（断笔"咸"，文字纤细，"宝"字贝部狭窄，"咸"字口部均开）
性质：子钱　　等级：六　　材质：黄铜

BH-100-164

名称：宝河当百　　版式：异书断笔"咸"类细字宽贝宝（断笔"咸"，文字纤细，"宝"字贝部较宽）　　性质：子钱　　等级：六　　材质：黄铜

BH-100-165

名称：宝河当百　　版式：异书断笔"咸"类细字连腿元（断笔"咸"，文字纤细，"元"字弯勾连横）　　性质：子钱　　等级：六　　材质：黄铜

BH-100-166

名称：宝河当百　　版式：异书断笔"咸"类大肚河（断笔"咸"，满文"河"字肚子较大）　　性质：子钱　　等级：五　　材质：黄铜

BH-100-167

名称：宝河当百　　版式：异书断笔"咸"类大肚河细字（断笔"咸"，满文"河"字肚子较大，文字纤细）　　性质：子钱　　等级：五　　材质：黄铜　　备注：王焕森先生藏品

BH-100-168

名称：宝河当百　　版式：异书断笔"咸"类大肚河大样（断笔"咸"，满文"河"字肚子较大，直径较大）　　性质：子钱　　等级：五　　材质：黄铜

BH-100-169

名称：宝河当百　　版式：异书断笔"咸"类缩字（断笔"咸"，文字纤细柔弱）　　性质：子钱　　等级：六　　材质：黄铜

BH-100-170

名称：宝河当百　　版式：异书长颈河类（满文"河"字颈部较长）
性质：子钱　　等级：五　　材质：黄铜　　备注：闫成磊先生藏品

BH-100-171

名称：宝河当百　　版式：异书长颈河类斜元（满文"河"字颈部较长，"元"字向左倾斜）　　性质：子钱　　等级：五　　材质：黄铜

BH-100-172

名称：宝河当百　　版式：异书长颈河类长宝（满文"河"字颈部较长，汉文"宝"字较长）　　性质：子钱　　等级：五　　材质：黄铜
备注：闫成磊先生藏品

BH-100-173

名称：宝河当百　　版式：异书长颈河类昂咸（满文"河"字颈部较长，"咸"字昂起）　　性质：子钱　　等级：五　　材质：黄铜
备注：王焕森先生藏品

BH-100-174

名称：宝河当百　　版式：异书长颈河类出头贝（满文"河"字颈部较长，汉文"宝"字贝部出头）　性质：子钱　　等级：五
材质：黄铜　　备注：李建峰先生藏品

BH-100-175

名称：宝河当百　　版式：异书长颈河类日贝宝（满文"河"字颈部较长，汉文"宝"字为日贝）　性质：子钱　　等级：五　　材质：黄铜

BH-100-176

名称：宝河当百　　版式：异书长颈河类细满文（满文"河"字颈部较长，满文纤细）　　性质：子钱　　等级：五　　材质：黄铜
备注：周建设先生藏品

BH-100-177

名称：宝河当百　　版式：异书长颈河类斜元异宝（满文"河"字颈部较长，"元"字向左倾斜，"宝"字书法异于同类）　　性质：子钱　　等级：四　　材质：黄铜　　备注：刘之会先生藏品

BH-100-178

名称：宝河当百　　版式：异书长宝类斜元卷尾宝（汉文"宝"字较长，"元"字向左倾斜，满文"宝"字卷尾）　性质：子钱　　等级：四
材质：黄铜　　备注：周建设先生藏品

BH-100-179

名称：宝河当百　　版式：异书长宝类昂满宝（汉文"宝"字较长，满文"宝"字昂起）　性质：子钱　　等级：四　　材质：黄铜

BH-100-180

名称：宝河当百　　版式：异书长宝类长腿宝（汉文"宝"字较长，且"宝"字两点很长）　性质：子钱　等级：四　材质：黄铜

BH-100-181

名称：宝河当百　　版式：异书长宝类长腿宝短满河（汉文"宝"字较长，且"宝"字两点长，满文"河"字较短）　性质：子钱　等级：四　材质：黄铜

BH-100-182

名称：宝河当百　　版式：异书长宝类小满河（汉文"宝"字较长，满文"河"字较小）　性质：子钱　　等级：五　　材质：黄铜
备注：刘国富先生藏品

BH-100-183

名称：宝河当百　　版式：异书长宝类仰满文（汉文"宝"字较长，满文"河"字仰）　性质：子钱　　等级：五　　材质：黄铜
备注：本书作者藏品

BH-100-184

名称：宝河当百　　版式：异书长宝类仰满文俯丰（汉文"宝"字较长，满文仰，"丰"字较俯）　　性质：子钱　　等级：四　　材质：黄铜
备注：本书作者藏品

BH-100-185

名称：宝河当百　　版式：异书长宝类异满河（汉文"宝"字较长，满文"河"字特异）　　性质：子钱　　等级：四　　材质：黄铜
备注：本书作者藏品

BH-100-186

名称：宝河当百　　版式：异书长宝类长满文（汉文"宝"字较长，满文狭长）　　性质：子钱　　等级：六　　材质：黄铜

BH-100-187

名称：宝河当百　　版式：异书长宝类特昂宝（汉文"宝"字较长，满汉"宝"字均明显昂起）　　性质：子钱　　等级：四　　材质：黄铜

BH-100-188

名称：宝河当百　　版式：异书长宝类特昂宝窄缘（汉文"宝"字较长，满汉"宝"字均明显昂起，外缘较窄）　性质：子钱　　等级：四
材质：黄铜

BH-100-189

名称：宝河当百　　版式：异书长宝类长满河（汉文"宝"字较长，满文"河"字狭长）　性质：子钱　　等级：五　　材质：黄铜

BH-100-190

名称：宝河当百　　版式：异书长宝类长尾河（汉文"宝"字较长，满文"宝"字尾部较长）　性质：子钱　　等级：四　　材质：黄铜
备注：张俊峰先生藏品

BH-100-191

名称：宝河当百　　版式：异书长宝类大满文（汉文"宝"字较长，满文较大）　性质：子钱　　等级：四　　材质：黄铜
备注：刘之会先生藏品

BH-100-192

名称：宝河当百　　版式：异书仰河类长嘴"河"（满文"河"字头部仰起，长嘴"河"）　　性质：子钱　　等级：七　　材质：黄铜

BH-100-193

名称：宝河当百　　版式：异书仰河类长嘴"河"短撇"咸"（满文"河"字头部仰起，长嘴"河"，短撇"咸"）　　性质：子钱　　等级：六　　材质：黄铜

BH-100-194

名称：宝河当百　　版式：异书仰河类长嘴"河"缺笔宝（满文"河"字头部仰起，长嘴"河"，"宝"字王部缺笔）　　性质：子钱　　等级：六　　材质：黄铜

BH-100-195

名称：宝河当百　　版式：异书仰河类长嘴"河"大字（满文"河"字头部仰起，长嘴"河"，文字较大）　　性质：子钱　　等级：六　　材质：黄铜

BH-100-196

名称：宝河当百　　版式：异书仰河类昂宝（满文"河"字火部仰起，长嘴"河"，满文"宝"字昂起）　　性质：子钱　　等级：五　　材质：黄铜

BH-100-197

名称：宝河当百　　版式：异书仰河类宽缘（满文"河"字头部仰起，长嘴"河"，外缘较宽）　　性质：子钱　　等级：四
材质：黄铜

BH-100-198

名称：宝河当百　　版式：异书仰河类卷尾宝（满文"河"字头部仰起，满文"宝"字尾部卷起）　　性质：子钱　　等级：五　　材质：黄铜

BH-100-199

名称：宝河当百　　版式：异书仰河类卷尾宝小当（满文"河"字头部仰起，满文"宝"字尾部卷起，"当"字较小）　　性质：子钱　　等级：五　　材质：黄铜　　备注：本书作者藏品

BH-100-200

名称：宝河当百　　版式：异书仰河类斜丰（满文"河"字头部仰起，"丰"字书写较斜）　性质：子钱　等级：六　材质：黄铜

BH-100-201

名称：宝河当百　　版式：异书缩字类鱼尾宝（缩字，"宝"字两足形似鱼尾）　性质：子钱　等级：六　材质：黄铜

BH-100-202

名称：宝河当百　　版式：异书缩字类大字双王宝（缩字，文字整体较大，"宝"字为双王宝）　　性质：子钱　　等级：六　　材质：黄铜

BH-100-203

名称：宝河当百　　版式：异书缩字类大字开足宝（缩字，文字整体较大，"宝"字两足分开）　　性质：子钱　　等级：六　　材质：黄铜

BH-100-204

名称：宝河当百　　版式：异书缩字类开足宝（缩字，"宝"字两足分开）
性质：子钱　　等级：六　　材质：黄铜

BH-100-205

名称：宝河当百　　版式：异书缩字类开足宝小头河（缩字，"宝"字两足分开，满文"河"字头部较小）　　性质：子钱　　等级：六
材质：黄铜

BH-100-206

 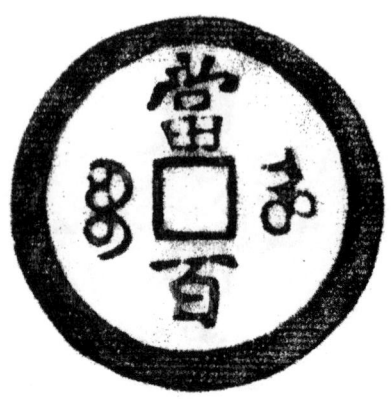

名称：宝河当百　　版式：异书缩字类开足宝宽缘（缩字，"宝"字两足分开，外缘较宽）　性质：子钱　等级：六　材质：黄铜

BH-100-207

名称：宝河当百　　版式：异书长勾元类（"元"字弯勾较长）
性质：子钱　等级：五　材质：黄铜

BH-100-208

名称：宝河当白　　版式：异书长勾兀类大字（"兀"字弯勾较长，文字整体较大）　　性质：子钱　　等级：五　　材质：黄铜

BH-100-209

名称：宝河当百　　版式：异书长勾元类异河（"元"字弯勾较长，满文"河"字较异）　　性质：子钱　　等级：五　　材质：黄铜

BH-100-210

名称：宝河当百　　版式：异书鱼尾宝昂当（汉文"宝"字足部类似鱼尾，"当"字昂起）　性质：子钱　　等级：五　　材质：黄铜
备注：张俊峰先生藏品

BH-100-211

名称：宝河当百　　版式：异书鱼尾宝降当（汉文"宝"字足部类似鱼尾，"当"字降下接近内廓）　性质：子钱　　等级：五　　材质：黄铜

BH-100-212

名称：宝河当百　　版式：异书鸭嘴河小字小满文（满文"河"字头部平齐类似鸭嘴且较小，整体文字也较小）　　性质：子钱
等级：六　　材质：白铜（另见有黄铜，等级：七）

BH-100-213

名称：宝河当百　　版式：异书鸭嘴河小字（满文"河"字头部平齐类似鸭嘴，整体文字较小）　　性质：子钱　　等级：八　　材质：黄铜

BH-100-214

名称：宝河当百　　版式：异书鸭嘴河大字（满文"河"字头部平齐类似鸭嘴，整体文字较大）　性质：子钱　　等级：七　　材质：黄铜

BH-100-215

名称：宝河当百　　版式：异书翘足元俯河（"元"字撇画翘起，满文"河"字稍俯）　性质：子钱　　等级：七　　材质：黄铜

BH-100-216

名称：宝河当百　　版式：异书翘足元俯河狭贝宝（"元"字撇画翘起，满文"河"字稍俯，"宝"字贝部狭窄）　　性质：子钱　　等级：六
材质：黄铜　　备注：本书作者藏品

BH-100-217

名称：宝河当百　　版式：异书出头贝斜元（汉文"宝"字贝部出头，"元"字向左倾斜）　　性质：子钱　　等级：四　　材质：黄铜

BH-100-218

名称：宝河当百　　版式：异书出头贝昂百（汉文"宝"字贝部出头，"百"字昂起）　　性质：子钱　　等级：五　　材质：黄铜

BH-100-219

名称：宝河当百　　版式：异书仰满文（满文"宝""河"二字均仰）
性质：子钱　　等级：五　　材质：黄铜　　备注：张玉山先生藏品

BH-100-220

名称：宝河当百　　版式：异书细字长足宝（文字纤细，"宝"字足部较长）
性质：子钱　　等级：六　　材质：黄铜

BH-100-221

名称：宝河当百　　版式：异书细字长足宝宽缘（文字纤细，"宝"字足部较长，外缘较宽）　　性质：子钱　　等级：六　　材质：黄铜
备注：戎畋松先生藏品

BH-100-222

名称：宝河当百　　版式：异书一笔河（满文"河"字较异，可一笔写成）
性质：子钱　　等级：五　　材质：黄铜

BH-100-223

名称：宝河当百　　版式：异书一笔河开口贝（满文"河"字较异，可一笔写成，汉文"宝"字贝部开口）　　性质：子钱　　等级：五　　材质：黄铜

BH-100-224

名称：宝河当百　　版式：异书一笔河开口贝尖头河（满文"河"字较异，可一笔写成，汉文"宝"字贝部开口，满文"河"字头部较尖）
性质：子钱　　等级：五　　材质：黄铜

BH-100-225

名称：宝河当百　　版式：异书开口贝断笔"咸"（满文"河"字较异，汉文"宝"字贝部开口，"咸"字厂部断笔）　　性质：子钱　　等级：五　　材质：黄铜

BH-100-226

名称：宝河当百　　版式：异书开口贝断笔"咸"异河（满文"河"字较异，汉文"宝"字贝部开口，"咸"字厂部断笔，满文"河"字较异）
性质：子钱　　等级：四　　材质：黄铜　　备注：戎畋松先生藏品

BH-100-227

名称：宝河当百　　版式：异书长勾咸连贝宝（"咸"字勾部较长，"宝"字贝部连点）　　性质：子钱　　等级：六　　材质：黄铜
备注：张俊峰先生藏品

BH-100-228

名称：宝河当百　　版式：异书直山丰狭宝（"丰"字山部竖直，汉文"宝"字狭窄）　　性质：子钱　　等级：五　　材质：黄铜
备注：刘国富先生藏品

BH-100-229

名称：宝河当百　　版式：异书直山丰阔宝（"丰"字山部竖直，汉文"宝"字宽阔）　　性质：子钱　　等级：五　　材质：黄铜
备注：张俊峰先生藏品

BH-100-230

名称：宝河当百　　版式：异书圆头河（满文"河"字头部圆滑）
性质：子钱　　等级：六　　材质：黄铜

BH-100-231

名称：宝河当百　　版式：异书宋体（文字为宋体）　　性质：子钱
等级：五　　材质：黄铜　　备注：本书作者藏品

下篇 咸丰宝河局钱币实物和拓片

BH-100-232

名称：宝河当百　　版式：异书宋体长点宝（文字为宋体，汉文"宝"字右足较长）　　性质：子钱　　等级：五　　材质：黄铜
备注：刘之会先生藏品

BH-100-233

名称：宝河当百　　版式：异书宋体长点宝（文字为宋体，汉文"宝"字右足较长）　　性质：子钱　　等级：五　　材质：黄铜
备注：本书作者藏品

BH-100-234

名称：宝河当百　　版式：异书小满文河（满文"河"字较小）
性质：子钱　　等级：六　　材质：黄铜

BH-100-235

名称：宝河当百　　版式：异书特小满文（满文特别小）　　性质：子钱
等级：六　　材质：黄铜

BH-100-236

名称：宝河当百　　版式：异书特小满文（满文"河"字特别小）
性质：子钱　　等级：五　　材质：黄铜　　备注：本书作者藏品

BH-100-237

名称：宝河当百　　版式：异书尔宝（汉文"宝"字从尔）
性质：子钱　　等级：五　　材质：黄铜

BH-100-238

名称：宝河当百　　版式：异书尔宝（汉文"宝"字从尔）
性质：子钱　　等级：五　　材质：黄铜

BH-100-239

名称：宝河当百　　版式：异书尔宝异宝（汉文"宝"字从尔且有变异）　性质：子钱　　等级：五　　材质：黄铜

BH-100-240

名称：宝河当百　　版式：异书尔宝宽缘（汉文"宝"字从尔，外缘较宽）　　性质：子钱　　等级：五　　材质：黄铜

BH-100-241

名称：宝河当百　　版式：异书尔宝大字（汉文"宝"字从尔，文字较大）　　性质：子钱　　等级：四　　材质：黄铜

BH-100-242

名称：宝河当百　　版式：异书尔宝（汉文"宝"字从尔，文字纤细）
性质：子钱　　等级：五　　材质：黄铜

BH-100-243

名称：宝河当百　　版式：异书尔宝长尾宝（汉文"宝"字从尔，满文"宝"字尾部较长）　性质：子钱　　等级：五　　材质：黄铜

BH-100-244

名称：宝河当百　　版式：异书尔宝纤字（汉文"宝"字从尔，文字纤细）　　性质：子钱　　等级：四　　材质：黄铜

BH-100-245

名称：宝河当百　　版式：异书隶书（文字风格极具隶书味道）
性质：子钱　　等级：四　　材质：黄铜　　备注：倪国锋先生藏品

BH-100-246

名称：宝河当百　　版式：异书三王宝（"宝"字中部由三个"王"字组成）　　性质：子钱　　等级：四　　材质：黄铜
备注：本书作者藏品

BH-100-247

名称：宝河当百　　版式：异书降宝（汉文"宝"字降）
性质：子钱　　等级：五　　材质：黄铜　　备注：本书作者藏品

BH-100-248

名称：宝河当百　　版式：异书异满河　　性质：子钱　　等级：五
材质：黄铜　　备注：李勇峰先生藏品

BH-100-249

名称：宝河当百　　版式：异书龟河（满文"河"字带尾，形似乌龟）
性质：子钱　　等级：四　　材质：黄铜　　备注：周建设先生藏品

BH-100-250

名称：宝河当百　　版式：异书出头宝昂当（汉文"宝"字贝部出头，"当"字昂起）　性质：子钱　等级：四　材质：黄铜
备注：本书作者藏品

BH-100-251

名称：宝河当百　　版式：异书出头宝尔宝（汉文"宝"字贝部出头，尔宝）
性质：子钱　等级：四　材质：黄铜　备注：周建设先生藏品

BH-100-252

名称：宝河当白　　版式：异书出头宝小宝（汉文"宝"字贝部出头，尔宝）
性质：子钱　　等级：四　　材质：黄铜

BH-100-253

名称：宝河当百　　版式：异书细字开裆宝（文字较细，"宝"字足部开裆）
性质：子钱　　等级：五　　材质：黄铜　　备注：马恩伟先生藏品

BH-100-254

名称：宝河当百　　版式：异书日贝宝斜元（汉文"宝"字贝部为日贝，"元"字倾斜）　性质：子钱　　等级：三　　材质：黄铜

咸丰宝河局其他材质当百大钱

BH-100-255

名称：宝河当百　　版式：周书　　性质：子钱　　等级：六
材质：红铜

BH-100-256

名称：宝河当百　　版式：异书　　性质：子钱　　等级：八
材质：铅　　备注：王焕森先生藏品

BH-100-257

名称：宝河当百　　版式：周书　　性质：子钱　　等级：八
材质：铅　　备注：闫成磊先生藏品

BH-100-258

名称：宝河当百戏铸　　版式：异书　　性质：子钱　　等级：八
材质：铅

BH-100-259

名称：宝河当百戏铸　　版式：并书　　性质：子钱
等级：八　　材质：铅

BH-100-260

名称：宝河当百　　版式：周书　　性质：子钱　　等级：七
材质：铁　　备注：景李明先生藏品

咸丰宝河局私铸当百大钱

BH-S-100-261

名称：宝河当百　　性质：私铸　　等级：十　　材质：黄铜

BH-S-100-262

名称：宝河当百　　性质：私铸　　等级：十　　材质：黄铜

BH-S-100-263

名称：宝河当白　　性质：私铸　　等级：十　　材质：黄铜

咸丰宝河局当五百大钱

BH-500-01

名称：宝河当五百　　版式：周书　　性质：祖钱（实物未见）
等级：一　　材质：紫铜　　备注：《咸丰泉汇》7-5-2 号

BH-500-02

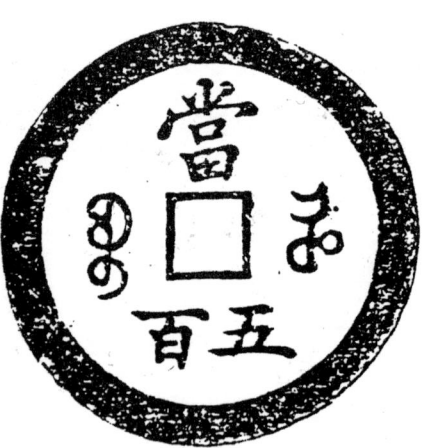

名称：宝河当五百　　版式：周书　　性质：母钱（实物未见）
等级：一　　材质：紫铜　　备注：《咸丰泉汇》7-5-3 号

BH-500-03

名称：宝河当五百进呈样钱　　版式：周书　　性质：子钱
等级：一　　材质：紫铜　　备注：孙仲汇先生藏品

BH-500-04

名称：宝河当五百进呈样钱　　版式：周书　　性质：子钱
等级：一　　材质：紫铜　　备注：《咸丰泉汇》7-5-6号

BH-500-05

名称：宝河当五百进呈样钱　　版式：周书　　性质：子钱
等级：一　　材质：紫铜　　备注：《咸丰泉汇》7-5-4号

BH-500-06

名称：宝河当五百　　版式：周书　　性质：子钱　　等级：二
材质：紫铜

下篇　咸丰宝河局钱币实物和拓片

BH-500-07

名称：宝河当五百　　版式．周书　　性质：子钱　　等级：二
材质：紫铜

BH-500-08

名称：宝河当五百　　版式：周书　　性质：子钱　　等级：二
材质：紫铜

BH-500-09

名称：宝河当五百试铸样钱　　版式：尔宝宽缘　　性质：子钱
等级：一　　材质：黄铜　　备注：赵梓凯先生藏品

下篇 咸丰宝河局钱币实物和拓片

BH-500-10

名称：宝河当五百试铸样钱　　版式：尔宝宽缘　　性质：子钱
（《咸丰泉汇》标注为祖钱，有误）
等级：一　　材质：紫铜　　备注：《咸丰泉汇》7-5-1号

咸丰宝河局当千大钱

BH-1000-1

名称：宝河当千进呈样钱　　版式：周书　　性质：子钱
等级：一　　材质：紫铜　　备注：孙仲汇先生藏品

BH-1000-2

名称：宝河当千　　版式：周书　　性质：母钱（《咸丰泉汇》标注为母钱，或为进呈样钱）
等级：一　　材质：紫铜　　备注：《咸丰泉汇》7-6-1号

BH-1000-3

名称：宝河当千　　版式：周书　　性质：子钱精铸　　等级：二
材质：紫铜

下篇 咸丰宝河局钱币实物和拓片

BH-1000-4

名称：宝河当千　　版式：周书　　性质：子钱　　等级：一
材质：紫铜　　备注：闫成磊先生 藏品

BH-1000-5

名称：宝河当千进呈样钱　　版式：周书宽缘　　性质：子钱
等级：一　　材质：紫铜　　备注：《咸丰泉汇》7-6-3号

BH-1000-6

名称：宝河当千　　版式：周书宽缘　　性质：子钱　　等级：二
材质：紫铜　　备注：《咸丰泉汇》7-6-4号

BH-1000-7

名称：宝河当千　　版式：周书宽缘　　性质：子钱　　等级：二
材质：紫铜

BH-1000-8

名称：宝河当千试铸样钱　　版式：尔宝宽缘　　性质：子钱
等级：一　　材质：紫铜　　备注：周建设先生藏品

特别鸣谢

戎畋松	吴革胜	孙仲汇	汪　洋	周建设	张玉山
贾　晖	何代水	赵梓凯	胡　坚	张俊峰	程　晟
刘之会	艾　亮	赵　琨	闫建华	李东宇	周鑫森
李勇峰	元凯宁	周　兴	刘国富	张植忠	潘　超
张立敬	鲁永学	朱安祥	胡　涛	周沁园	宋思俭
倪国锋	徐森森	尹子洋	闫成磊	景李明	王焕森
薛　亮	周　翔	陈海胜	周承伟	白建勋	柯元惠
李建峰	崔　伟	占方顺	田志远	赵幸源	马恩伟
王　磊	姚　钊	高　蕾	马红军	寇慧斌	[德] 布威纳